Wenn Sie mich fragen, mit welcher Frau in der Geschichte der Kunst ich essen gehen und einen Abend verbringen würde, wäre da zuerst Uta von Naumburg.

Umberto Eco

LUDWIG SCHUMANN

Große Zeit
starker Frauen

Unterwegs auf der
Straße der Romanik

BuchVerlag
für die Frau

Titelbild: Stifterfigur im Naumburger Dom,
Uta von Ballenstedt

ISBN 978-3-89798-380-9

© BuchVerlag für die Frau GmbH, Leipzig 2013
Covergestaltung und Layout: Uta Wolf, Leipzig
Bildnachweise: S. 152

Gesamtherstellung: Euro PB, Příbram
Printed in Czech Republic

www.buchverlag-fuer-die-frau.de

INHALTSVERZEICHNIS

GROSSE ZEIT STARKER FRAUEN

Der Deutschen Lieblingsgeschichte

Merkwürdig. Am Beginn des Deutschen Reiches, richtiger müsste man eigentlich vom ostfränkischen Königreich sprechen, steht ein König, den die Überlieferung mit den Attributen der Volkstümlichkeit schmückt: *Heinrich der Vogler* heißt er bald. Die bereits im 12. Jahrhundert erzählte Legende besagt, der Sachsenherzog habe am Vogelherd die Nachricht erhalten, dass er vom ostfränkischen König Konrad zum Nachfolger erwählt wurde. Johann Nepomuk Vogl hat das später volkstümlich verdichtet:

Herr Heinrich sitzt am Vogelherd
Recht froh und wohlgemuth.
Aus tausend Perlen blinkt und blitzt
Der Morgenröte Glut.

Diese deutsche Lieblingsgeschichte erzählt, dass Heinrich, ein Mann der Einfachheit und Bescheidenheit, mit der bäuerlichen Sitte des Vogelfangs am Finkenherd nahe seiner Quedlinburger Lieblingsburg beschäftigt gewesen sei, als die Edlen des ostfränkischen Reiches ihn lange bitten mussten, die eigentlich fränkischen Köpfen vorbehaltene Krone sich auf den sächsischen Sturkopf setzen zu lassen.

So wird er im Mai des Jahres 919 in Fritzlar zum ostfränkischen König gekrönt, eine Revolution von oben im Staate der Franken. Nur einhundert Jahre nach der schwierigen und grausamen Besiegung und Christianisierung des widerspenstigen Sachsenvolkes durch die Franken Karls des Großen stellen ausgerechnet die Sachsen zunächst den König, später den Kaiser, der das Frankenreich in der Tradition der (west-)römischen Kaiser nach Europa führt.

Ein Kriegerkönig, machtbewusst und mit Härte jedem Kontrahenten oder Feind gegenüber, darüber können auch die netten Heinrichbilder des 19. Jahrhunderts nicht hinwegtäuschen, stand mit dem Liudolfinger Heinrich nun an der Spitze des ostfränkischen Reichs, ein Mann mit wenig Skrupeln.

Dass wir uns heute nicht nur seiner, sondern auch der Königin *Mathilde*, dass wir uns nicht nur Ottos des Großen, sondern auch dessen Frauen *Editha* und *Adelheid*, dessen Schwiegertochter *Theophanu*, der Thüringer Landgräfin *Elisabeth* als einer heiligen Frau, der *Uta von Ballenstedt* oder der *drei heiligen Frauen in Helfta* erinnern, liegt weniger an den Taten der Männer oder der Geistlichkeit der damaligen Zeit, sondern vielmehr an den Persönlichkeiten und an den Leistungen dieser Frauen – sagt aber auch vieles über eine Zeit aus, die im deutschen Geschichtsunterricht lange nur als eine Zeit tatkräftiger Männer galt. Eine Interpretation, die mehr über das Frauenbild der nachfolgenden Zeiten denn das der Zeit verrät, in der diese *starken Frauen* gelebt und zum Teil auch gleichberechtigt ihre Macht als Mitkaiserin oder Mitkönigin (*consors imperii oder consors regni*) gebraucht haben.

Gefährtinnen der Macht

Im Mittelalter, so die gängige Meinung, war die Frau nahezu rechtlos, ziemlich unterdrückt und auf Herd und Kinder reduziert. Wie alle Schwarz-Weiß-Bilder hält aber auch dieses der Realität nicht stand, zumindest was die Zeit der Romanik angeht. Denn die karolingischen Kaiserinnen waren mehr als die Ehefrauen an der Seite der Kaiser, und ihre Aufgabe bestand nicht nur darin, für den Bestand der Dynastie zu sorgen. An der Seite der ottonischen Herrscher waren sie *consors regni* oder sogar *imperatrix augusta*, »Teilhaberin und Gefährtin der Macht«, sie standen in gleicher Verantwortung und wurden in gleicher Größe neben dem Herrscher abgebildet.

Sichtbar wurde das bei der Vermählung Ottos II. mit Theophanu zu Ostern 972 in Rom. Mit der Vermählung erfolgte die Krönung als Kaiserin, mit der Krönung wurde sie *consors imperii*, also Mitherrscherin. Ohne den Einsatz der wenig konfliktscheuen Frauen der Ottonen wäre deren Herrschaft wesentlich früher beendet gewesen.

Und dann begegnen uns aus dieser Zeit die Dichterinnen, die Mystikerinnen, die äußerst gebildeten Frauen im Umfeld der Frauenklöster, auf der Höhe der Zeit, auf der Höhe der Wissenschaften, auf der Höhe des Glaubens stehend. Keine Frage: Die Zeit vom 10. bis zum 12. Jahrhundert war eine Epoche, in der die Frauen Profil zeigten. Erfolgreich.

Anfang und Ende der Straße der Romanik *ist das Magdeburger Kloster Unser Lieben Frauen, ein ehemaliges Prämonstratenserkloster.*

Straße der Romanik:
Zeichen aus einer Zeit der Hoffnung

Über eintausend Kilometer lang ist eine der beliebtesten Tourismusrouten in Deutschland, die *Straße der Romanik*. Sie geht von Magdeburg aus und führt auch wieder in die Stadt an der Elbe zurück. Wie eine Acht zieht sie sich durch den Nordteil und den Südteil Sachsen-Anhalts.

Magdeburg als Mittelpunkt ist keine zufällige Wahl. Die Lieblingsstadt Ottos des Großen, Morgengabe an seine erste Frau Editha, in der Otto das Mauritiuskloster als seinen und seiner Frau späteren Gedächtnisort stiftet, war mit ihrer den slawischen, heidnischen Gebieten vorgeschobenen Lage für die Ottonen ein Ort von hoher strategischer Bedeutung. In der Region um den Harz und die Stadt an der Elbe entstand zwischen 950 und 1050 das geistige, politische und wirtschaftliche Zentrum abendländischer Geschichte, hier, im nordöstlichen Zipfel des damals gerade entstehenden künftigen Heiligen Römischen Reiches Deutscher Nation.

War der Beginn der Herrschaft Ottos auch eine Zeit der Aufstände und Wirren, so gilt doch für die Zeit der Herrschaft der Ottonen insgesamt, dass sich das Reich über die einsetzende Friedenszeit nach der Schlacht am Lechfeld 955 konsolidieren konnte und ein geordnetes Leben einkehrte. Die Zeit der Ottonen wurde eine Zeit der Hoffnung, in der Handel und Wandel erblühten.

Letztes erhaltenes Stadttor von Magdeburg,
Blick vom Fürstenwall zum Dom

Ausgewählte Orte an der *Straße der Romanik*

12

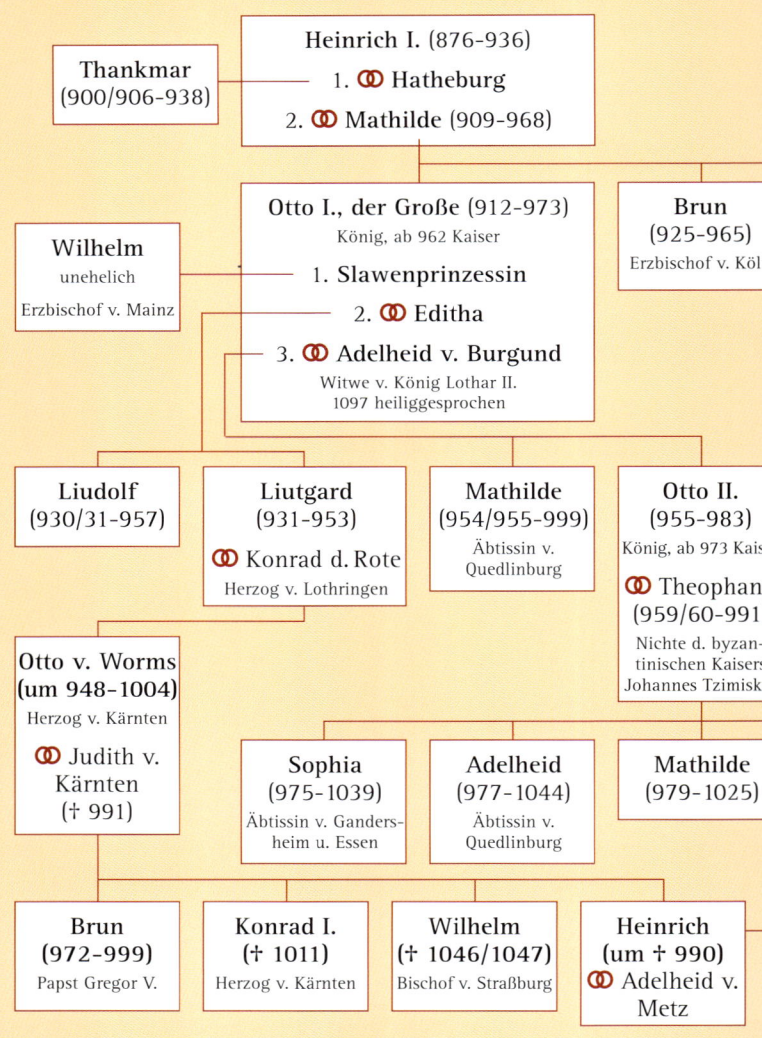

Heinrich I. (876-936)

1. ⚭ Hatheburg

2. ⚭ Mathilde (909-968)

Thankmar (900/906-938)

Otto I., der Große (912-973)
König, ab 962 Kaiser

1. Slawenprinzessin

2. ⚭ Editha

3. ⚭ Adelheid v. Burgund
Witwe v. König Lothar II.
1097 heiliggesprochen

Brun (925-965)
Erzbischof v. Köln

Wilhelm
unehelich
Erzbischof v. Mainz

Liudolf (930/31-957)

Liutgard (931-953)
⚭ Konrad d. Rote
Herzog v. Lothringen

Mathilde (954/955-999)
Äbtissin v. Quedlinburg

Otto II. (955-983)
König, ab 973 Kaiser
⚭ Theophanu (959/60-991)
Nichte d. byzantinischen Kaisers Johannes Tzimiske

Otto v. Worms (um 948-1004)
Herzog v. Kärnten
⚭ Judith v. Kärnten († 991)

Sophia (975-1039)
Äbtissin v. Gandersheim u. Essen

Adelheid (977-1044)
Äbtissin v. Quedlinburg

Mathilde (979-1025)

Brun (972-999)
Papst Gregor V.

Konrad I. († 1011)
Herzog v. Kärnten

Wilhelm († 1046/1047)
Bischof v. Straßburg

Heinrich (um † 990)
⚭ Adelheid v. Metz

Stammbaum der Ottonen

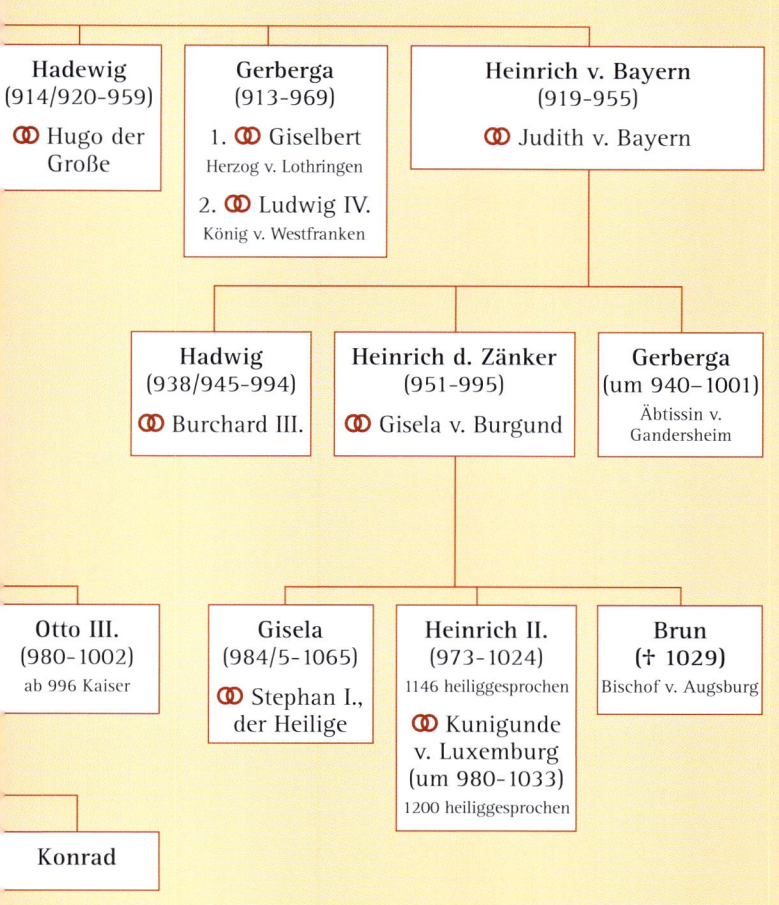

Hadewig
(914/920-959)

⚭ Hugo der
Große

Gerberga
(913-969)

1. ⚭ Giselbert
Herzog v. Lothringen

2. ⚭ Ludwig IV.
König v. Westfranken

Heinrich v. Bayern
(919-955)

⚭ Judith v. Bayern

Hadwig
(938/945-994)

⚭ Burchard III.

Heinrich d. Zänker
(951-995)

⚭ Gisela v. Burgund

Gerberga
(um 940-1001)

Äbtissin v.
Gandersheim

Otto III.
(980-1002)

ab 996 Kaiser

Gisela
(984/5-1065)

⚭ Stephan I.,
der Heilige

Heinrich II.
(973-1024)

1146 heiliggesprochen

⚭ Kunigunde
v. Luxemburg
(um 980-1033)

1200 heiliggesprochen

Brun
(† 1029)

Bischof v. Augsburg

Konrad

EDITHA:
KÖNIGIN UND VISIONÄRIN

Die Furt an der Elbe

Je nach politischer Großwetterlage trennte sie oder führte Sachsen und Slawen zusammen: die Furt an der Elbe. Der kleine Grenzort *Magadoburg* wird in karolingischer Zeit, 805/806, erstmals erwähnt, bevor er für mehr als einhundert Jahre wieder aus der nachlesbaren Geschichte verschwindet. 937 taucht der Ort urkundlich wieder auf. Da steht er bereits auf dem Sprung in die ganz große Geschichte. Unter Heinrich I., dem Vater Ottos des Großen, dem Städte- und Burgenbauer, dem Heerführer gegen Slawen und Ungarn, wird der kleine Ort an der Furt über die Elbe zu einem Ort von strategischer Bedeutung.

Otto der Große gewann seine militärischen Erfahrungen beim Slawenfeldzug des Vaters 929/930, einem Winterkrieg. Mit der Eroberung der Brennaburg (Brandenburg), dem Stammsitz der Fürsten der Heveller, war der Feldzug beendet. Die Heveller wurden tributpflichtig. Der Sohn des Fürsten, Tugumir, sowie dessen schöne Schwester wurden als Geiseln für künftige pünktliche Tributzahlungen an den königlichen Hof mitgenommen. Es ist den Quellen nicht genau zu ent-

Das Herrscherpaar in der sechzehneckigen Kapelle (von ca. 1250) des Magdeburger Doms wurde lange als Kaiser Otto mit Gemahlin Editha angesehen, wird jedoch von der neueren kunstgeschichtlichen Forschung als himmlisches Brautpaar Christus und Ecclesia (die Kirche) interpretiert.

nehmen, ob die Slawenprinzessin Otto versprochen war, um den Frieden mit den Slawen dauerhaft zu machen, oder ob sie für eine bestimmte Zeit die Geliebte des sechzehnjährigen Otto gewesen ist, der mit ihr einen Sohn zeugte: Wilhelm, 929 geboren, später Erzbischof von Mainz. Otto aber hatte sich dem politischen Willen des Vaters zu beugen, der eine Verbindung mit dem angelsächsischen Königshaus vorgesehen hatte, um der eigenen Dynastie Glanz und damit Macht zuwachsen zu lassen. 930 heiratete daher Otto I. in Quedlinburg Edgith (910–946), die Halbschwester König Aethelstans, die als *Editha* in die Geschichte eingehen sollte.

Die Sage vom Kleiderwunder

Bald sprachen die Magdeburger nur noch von der »heiligen Frau«, wenn sie sich an ihre Königin erinnerten. Wo andere ihre jeweiligen Adligen zum Teufel wünschten, fühlte sich Magdeburg durch das junge Königspaar in vielerlei Hinsicht gesegnet. Sagen machten die Runde, schon zu ihren Lebzeiten. Zum Beispiel diese:

Editha galt als freigiebig. Im Geläster der Hofschranzen wuchs sich die Freigiebigkeit Edithas geradezu zum Staatsruin aus. Der König zitierte seine Frau zu sich und verbot ihr, den Armen so viel zu geben. Ein hoher Feiertag nahte. Editha zog sich ein kostbares Gewand an und ging zum Kirchgang. An der Kirchtür saß ein Bettler. Er griff nach dem golddurchwirkten Saum ihres Gewandes, hielt sie daran fest und bat um ein Almosen. Die Königin antwortete, dass sie nichts bei sich habe. Der Bettler verwies auf ihr golddurch-

Kreuzgang im Magdeburger Dom

wirktes Gewand und meinte, ein Ärmel schon helfe ihm aus allen Nöten. Mit ihrem guten Herzen erlaubte ihm Editha, den Ärmel vom Kleid zu reißen.

An die Mittagstafel bestellte Otto seine Königin in dem Kleid, das sie zum Kirchgang getragen hatte. Sie kam in einem anderen Kleid zur Tafel und machte Ausflüchte, die Otto nicht gelten ließ. Schließlich musste Editha das Kleid holen lassen und dem König zur Musterung überreichen. Beide erschraken, denn sie fanden nicht, was sie suchten. Das Gewand lag in aller Pracht vor ihnen, golddurchwirkt und vollständig. Der König war erschrockener als seine Gattin, denn er war der Bettler gewesen, der ihr den Ärmel vom Gewand gerissen hatte. Doch nun war das Gewand wieder ohne Fehl und Tadel. Dem König ging ein Licht auf: Ein Wunder hatte der HERR getan. Otto erkannte die Botschaft und hielt sich an sie. Nie wieder versuchte er, seiner Frau die Wohltätigkeit zu verbieten.

»Die Herrlichste unter sämtlichen Frauen«

Eigentlich hatte die Tochter Edwards des Älteren (871–924) mit der Scheidung Edwards von seiner Frau Elfleda (gest. 920), ihrer Mutter, ihre »Karriere« bereits hinter sich. Edithas Zukunft hätte Kloster geheißen, wenn da nicht ihr Halbbruder Aethelstan aus erster Ehe Edwards gewesen wäre, der seinem Vater auf dem Thron folgte und die Inselsachsen mit den Festlandsachsen wieder stärker zusammenbringen wollte. Es gab immerhin noch starke Handelsbeziehungen zwischen beiden – und die gemeinsame Sprache, die sich in England erst 1066 mit der Eroberung Englands durch die Normannen verändern sollte. Aethelstans Angebot an Otto, Editha zur Frau zu nehmen, wertete natürlich auch die Liudolfinger, die später Ottonen genannt wurden, erheblich auf. Zum ersten Mal brachen die Ottonen mit dem Brauch, dass sich sächsische Herzöge ihre Frauen unter sächsischen Adligen suchten. Trotzdem brauchte Otto, obwohl die Braut aus dem Ausland kam, keine neue Sprache zu lernen. 930 heirateten der Sohn Heinrichs I. und die angelsächsische Königstochter in Quedlinburg. Aus der Magdeburger Schöppenchronik und der Gründungsurkunde des Moritzklosters aus dem Jahre 937 wissen wir, dass die Braut die Stadt Magdeburg als Morgengabe erhielt. Der Legende nach soll Editha die Stadt an der Elbe lieb gewonnen haben, weil die Landschaft am Fluss die junge Frau an ihre Heimat, an den Ort Winchester an der Themse, erinnerte.

Nach sächsischem Recht herrschten König *und* Königin. Die junge, tatkräftige Königin gab sich nicht mit der Burg

Magdeburg und dem Flecken drumherum zufrieden, sondern konfrontierte ihren Mann mit dem Wunsch, hier eine richtige Stadt zu bauen. Editha plante *ihre* Stadt. Während es Otto zunächst noch genügt hatte, über der Furt eine Burg zu bauen, wollte seine Frau einen großen Handelsplatz, einen Ort von Bedeutung. Der Ausbau Magdeburgs als Herrschaftssitz und Königsburg war auch in Ottos Interesse.

Als im Jahr 936 Otto I. in Aachen zum König gekrönt wurde, wurde auch seine Frau in einer gesonderten Zeremonie gesalbt. Nun war Editha die erste Frau im Reich. Sie gebar zwei Kinder, Liutgard (931-953), die spätere Frau des Herzogs Konrad des Roten von Lothringen und Franken, und Liudolf (930-956), der spätere Herzog von Schwaben.

946 starb Editha plötzlich und überraschend, was Otto I. in tiefe Trauer stürzte. Wegen ihrer Großzügigkeit gegenüber Armen, aber auch ihrer offensichtlichen Zuneigung zum Volke, wovon Legenden immer wieder erzählen, wurde sie lange Zeit als eine Heilige verehrt. *»Ihre adeligen Züge erstrahlten in herrlicher Schönheit«*, schrieb Roswitha von Gandersheim (938–973), die niedersächsische Nonne und Mystikerin. *»Dank ihres vollkommenen Wesens und Wandels war sie im eigenen Land so gepriesen, dass nach dem einmüt'gen Urteil des Volkes sie als die Herrlichste galt unter sämtlichen Frauen.«*

Edithas Grablege

Vor etlichen Jahren stand die fünfjährige Roxane aus Madagaskar im Magdeburger Dom. Sie schaute schweigend und staunend die Wände hinauf zur Decke. Immer wieder durchmaß sie mit den Augen die ungeheure Weite des Raums, um schließlich leise und ergriffen zu sagen: »Groß! So groß! So groß!« Staunen ist wohl die angemessene Reaktion, wenn man zum ersten Mal einen Schritt in dieses Bauwerk zu Ehren Gottes setzt. 33 Meter beträgt die Mittelschiffhöhe des Doms – und er benötigt außen kein Strebewerk! Die östlichen Grundmauern zeigen noch eine spätromanische Formensprache. Chorempore und Bischofsgang aber verweisen bereits auf die Verwandtschaft zu französischen Kathedralen, wie zum Beispiel in Chartres. Der Magdeburger Dom, wie er heute bewundert werden kann, ist aber nicht mehr der, den Otto und Editha kannten. Dieser wurde bei dem großen Stadtbrand am Karfreitag des Jahres 1207 zerstört. Wieder aufbauen oder neu bauen, lautete die Frage, als man vor der schwelenden Ruine stand. Albrecht von Käfernburg (1170-1232), der damalige Erzbischof von Magdeburg, gehörte der Partei der Erneuerer an. Aus diesem Grunde übersprang die Gotik den Rhein gleich bis zur Elbe, und nicht in Köln, sondern in Magdeburg entstand der erste gotisch konzipierte Bau einer Kathedrale auf deutschem Boden.

Bildnis von Editha auf dem Sarkophag, der aus einer Naumburger Werkstatt der Renaissancezeit stammt.

Der neue Dom ist, wie der abgebrannte ottonische Dom es auch gewesen war, Grablege des Kaisers und seiner Königin. Otto wollte »in loco, wo Editha liegt«, bestattet sein. Skulpturen von Otto und Editha findet man im Dom in der 1250 entstandenen sechzehneckigen Kapelle, wobei man sich hier auch das himmlische Brautpaar Christus und Ecclesia (die Kirche) vorstellen kann.

Die wiedergefundene Königin

Von »Entführung« war die Rede. Dass man den Sensationsfund in Halle und nicht in Magdeburg präsentierte, erzürnte sowohl die »einfachen Menschen« auf Magdeburgs Straßen als auch »Berufs-Ottologen«. Im Umfeld des Doms sprach man gar von »Störung der Totenruhe« und »Leichenfledderei«. Die Magdeburger Wunschheilige Editha war über Nacht zum »Fall« geworden.

Der Reihe nach: Der Magdeburger Dom *St. Mauritius und Katharina* ist die Grablege für Otto den Großen – und für die Königin der Magdeburger Herzen. Sie muss offensichtlich auch die Herzgeliebte Ottos gewesen sein, ließ er sich doch trotz zweiter (oder dritter?) Ehe neben ihr begraben. Eigentlich ging man davon aus, dass es sich beim Grab Edithas um ein Kenotaph handele, also ein Scheingrab. 2008 wurde der tonnenschwere Grabdeckel abgehoben und darunter ein Bleisarg entdeckt, der Knochen und Stoffreste enthielt. Der lateinischen Inschrift auf dem Sargdeckel konnte man entnehmen, dass es sich hierbei um die sterblichen Überreste Edithas handeln musste. Mitte 2010 hatte man dann

Magdeburger Dom, Chor nach Osten

Gewissheit, nachdem man im Landesamt für Denkmalpflege und Archäologie in Halle die Gebeine untersucht hatte.

»Deutschland hat eine Königin wiedergefunden ...«, hieß es in einer großen deutschen Wochenzeitung. Im Oktober 2010 wurde der »Fall« mit einer feierlichen Wiederbeisetzung abgeschlossen. In einem Titansarg fand Editha nun im Schmuckgrab ihre Ruhe. Immerhin geben die wissenschaftlichen Untersuchungen nun jenen Recht, die von der großen Liebe des Königspaares sprechen. Legenden stellen sich mitunter als wahr heraus.

MECHTHILD:
DIE GOTTESSEHNSÜCHTIGE

Die Flucht

»Es ist der Fluss, der eine Stadt aus ihrer Isolation löst und sie daran erinnert, dass sie ein Knotenpunkt unter vielen entlang eines Gewässers ist«, schreibt die Künstlerin Susan Turcot, die Schöpferin der *»im fließenden Licht«* stehenden Mechthild, die auf dem Magdeburger Fürstenwall visionär über den Strom zu ihren Füßen blickt.

Mechthild hat in ihren Schriften immer wieder das Element Wasser als Symbol für Verwandlung und Wiedergeburt, für das Leben und die Fruchtbarkeit beschrieben. Häufig verwendet sie das Wort »vliesen« und meint damit auch, dass man sich auf den Weg machen muss, dass die Seele Bewegungsfreiheit braucht. Das Standbild an prominenter Stelle ist ein Versuch, Mechthild wieder in das Bewusstsein der Magdeburger zu rücken. Sie ist eine der frühen klugen Frauen, deren Name über die Jahrhunderte die Leuchtkraft in aller Welt nicht verlor, wohl aber in der Heimat.

Eines Tages, irgendwann zwischen 1227 und 1230, flieht die junge Mechthild aus der Burg der Eltern. Die Flucht führt sie in den Magdeburger Beginenhof. Magdeburg hat im 13. Jahrhundert die großen Tage hinter sich: den Aufstieg der Stadt unter Otto I. und Editha, das Wunder des neuen Doms moderner Bauweise, den Aufstand gegen Erzbischof Norbert, den späteren Heiligen und Gründervater der Prämonstratenser im Jahr 1129, die Erhebung Magdeburgs zur Stadt unter Erzbischof Wichmann 1188, zugleich der Beginn der europäischen Bedeutung des Magdeburger Rechts – allesamt Ereignisse, die den Stolz und die wachsende Macht der Bürger Magdeburgs begründen.

Das 13. Jahrhundert bringt schließlich die Etablierung der Ratsherrschaft mit sich. Es gibt Machtproben, die die Bürger für sich entscheiden: Zwischen 1232 und 1244 konstituiert sich der städtische Rat in der Ablösung des erzbischöflichen Rates als neue Obrigkeit der Stadt. 1238 erheben sich die Bürger gegen den damaligen Erzbischof Wilbrand. Das alles wird begleitet von einer Zunahme des überregionalen Handels und einem kulturellen Aufstieg der Stadt. Es ist eine bewegte Zeit, in der sich Mechthild aufmacht – um von Gott zu sprechen.

Die kanadische Künstlerin Susan Turcot entwarf die durchscheinende Skulptur der Mechthild, die heute auf dem Magdeburger Fürstenwall über die Elbe Richtung Osten blickt.

Die erste Mystikerin in Deutschland

»Herr, Du bist mein Geliebter,
meine Sehnsucht,
mein fließender Brunnen,
meine Sonne,
und ich bin Dein Spiegel.«
   Mechthild von Magdeburg, *Das fließende Licht der*
   Gottheit

Mechthild wurde vermutlich zwischen 1207 und 1210 in eine ritterliche Burggrafenfamilie in der Umgebung Magdeburgs hineingeboren. Als sicher ist anzunehmen, dass sie in ihrer Kindheit und Jugend eine standesgemäße und sehr breite, eher höfische Bildung erhielt. So lernte sie die Poesie schätzen, was sich auch in ihren Büchern bemerkbar macht. Die radikale Wende in ihrem Leben führte ein Glaubenserlebnis herbei, das Mechthild im Alter von zwölf Jahren hatte: Ein göttliches Licht erschien ihr, überwältigte sie und trieb sie schließlich, Jahre später, in einen nicht aufhaltbaren Schreibzwang. Vom Heiligen Geist sei sie angeredet worden, erzählt sie. Von da an kam der Gruß jeden Tag und immer drängender. Einunddreißig Jahre nach diesem Erlebnis begann sie, fortan von ihrem Geheimnis mit Gott zu schreiben: sie sei durchdrungen vom fließenden Licht der Gottheit. Das machte sie zur ersten Mystikerin und auch Dichterin, die ihr Werk in deutscher Sprache schrieb.

   Mit etwa zwanzig Jahren verließ sie die Burg ihrer Eltern und ihre Heimat. Sie war nicht die Einzige: Im 13. Jahrhundert entwickelten die Städte einen ungeheuren Sog.

Magdeburg, so schien es ihr, war ihr gottgeführtes Ziel, und hier der *Beginenhof*, wo sie ein enthaltsames Leben in Armut und Buße führen wollte.

Als sie mit über vierzig Jahren begann, ihre Bücher zu schreiben, wurde Preußen gerade von den Deutschordensrittern erobert, deren vierter Hochmeister, Hermann von Salza, vom Stauferkaiser Friedrich II. die Schenkung des Kulmerlandes in Preußen erwirkte. Ein späteres päpstliches Dekret rief die Kirchenleute des Weltkreises dazu auf, Bücher und Schreibmaterial für die Christianisierung der *Pruzzen* zu senden. Es war die Zeit, in der die selige *Jutta von Sangerhausen* in der Nähe Kulms ihr segensreiches Wirken begann. Beide Frauen, beide Beginen, wussten voneinander.

Mechthilds Beichtvater, der Dominikaner Heinrich von Halle, ermutigte sie, ihre geistlichen Erlebnisse aufzuschreiben. Er sammelte sie und ordnete sie zu sechs Büchern. Doch das Schreiben überstieg mit der Zeit die Kräfte Mechthilds.

29

Zudem machte sie bald die Erfahrung, dass sie mit ihren Schriften kaum Freunde gewann, da sie wenig Respekt vor dem Lebenswandel der adligen Frauen zeigte, die Domherren gar als »stinkende Böcke« bezeichnete und mahnte, dass das Gebäude nicht überdauern könne, wenn die Säulen fallen, sprich: wenn die Geistlichkeit ihren Auftrag nicht mehr kennt. Ihre Visionen zeigten ihr nicht nur das Licht, sondern auch die Verworfenheit; einen Glauben, von dessen Lebendigkeit nichts, aber auch gar nichts geblieben war. Wo Gott nicht den ganzen Menschen ergreifen könne, sei vom Glauben keine Rede mehr. Wer so schrieb, durfte sich nicht wundern, dass die »Böcke« nach ihr stießen. Wie sonst sollten Klerus und geistliche Lehrer darauf reagieren?

Nach ihrem Buch sprach Gott folgendermaßen zu ihr: »*Es ist mir vor manchem Professor der Heiligen Schrift, der vor meinen Augen dennoch ein Tor ist, eine große Ehre und stärkt die heilige Kirche überaus, wenn der ungelehrte Mund die gelehrte Zunge aus meinem Heiligen Geiste belehrt.*«

Mechthild bewunderte Frauen wie **Elisabeth von Thüringen** oder auch **Jutta von Sangerhausen** für deren Tatkraft und Glaubensbeispiel. Freilich traute sie auch ihren Büchern dieselbe Bedeutung für den Glauben zu, auch wegen der Kraft ihrer Sprache, derer sie sich sehr wohl bewusst war.

1261 kam es auf der Magdeburger Dominikanersynode zu Beschlüssen, die sich gegen das Beginentum wandten. Es schien ihrem Beichtvater höchste Zeit zu sein, Mechthild den Zisterzienserinnen von Helfta anzuvertrauen. Neun Jahre später, 1270, ging sie nach Helfta, arbeitete gemeinsam mit der jungen Gertrud von Helfta an ihrem siebenten Buch und starb dort vermutlich im Jahr 1282. Ihr Gedenktag wird im Bistum Magdeburg am 16. September begangen, im römischen Kalender ist es der 15. August.

STRASSE DER ROMANIK:
BLICKPUNKTE IN MAGDEBURG

St. Mechthildkirche   Die selige Mechthild ist auch Patronin der katholischen St. Mechthildkirche in der Neuen Neustadt Magdeburgs. Die moderne Kirche verfügt über zwei große moderne Altarfenster mit den Themen des *himmlischen Jerusalem* und des *brennenden Dornbuschs*. Die Reliefs an der Orgelempore erzählen aus dem Leben der Mechthild von Magdeburg. Die Bronzearbeiten stammen von Jürgen Suberg aus Olsberg (geb. 1944). Auf der rechten Seite des Seitenfensters wird der Betrachter an *Das fließende Licht der Gottheit* erinnert.

Kloster Unser Lieben Frauen Magdeburg   Die romanische Klosteranlage, zeitweise Sitz des Erzbischofs Norbert von Xanten, des späteren heiligen Norbert, wurde im 11. und 12. Jahrhundert erbaut und gehört zu den besterhaltenen Anlagen jener Zeit. Mit der Errichtung wurde um 1063/1064 begonnen. Mit Fertigstellung 1129 konnte das Kloster vom Orden der Prämonstratenser besiedelt werden. Nach 1230 erhielt die Kirche ein frühgotisches Gewölbe. Der Kreuzgang mit seiner einzigartigen Tonsur, die Tonnengewölbe im Nordflügel und die markante Turmgruppe unmittelbar vor der Kirche machen die Faszination des noch beinahe vollständig erhaltenen Komplexes aus.

Seit 1974 dient das Kloster Unser Lieben Frauen als gleichnamiges Kunstmuseum für zeitgenössische Kunst. Das Museum verfügt über eine umfangreiche Skulpturensammlung des 20. Jahrhunderts, darunter wichtige Stücke der internationalen Avantgarde. Ein Teil der Skulpturen ist in den drei Tonnengewölben des Nordflügels zu sehen, ein anderer Teil im dem Museum vorgelagerten Skulpturengarten.

St.-Johannis-Kirche

St.-Johannis-Kirche Martin Luther predigte am 26. Juni 1524 in der völlig überfüllten Kirche. Sein Thema: *Von der wahren und falschen Gerechtigkeit*. Infolge dieser Predigt trat die Stadt Magdeburg zum Protestantismus über.

Die St.-Johannis-Kirche ist die älteste Magdeburger Bürgerkirche. 1131 im romanischen Stil errichtet, wurde sie durch Stadtbrände, die Eroberung Magdeburgs 1631 und die Bombardements 1944 und 1945 zerstört. Ein jedes Mal erfolgte anschließend der Wiederaufbau. Nach dem politischen Umbruch 1989 wurde sie zur Konzert- und Veranstaltungshalle umgebaut (1999 abgeschlossen).

Kathedrale und Propsteikirche St. Sebastian

1015 legte Erzbischof Gero den Grundstein für die heutige Bischofskirche des katholischen Bistums Magdeburg. Der im Dom aufbewahrten Kopfreliquie des heiligen Sebastian schrieben die Magdeburger das Wunder zu, im Jahr 1075 vom Heer Heinrichs IV. verschont geblieben zu sein. Aus diesem Grund fand alljährlich am 20. Januar eine Prozession vom Dom nach St. Sebastian statt.

Die romanische Basilika wurde im 14./15. Jahrhundert zur gotischen Hallenkirche umgebaut.

Universitätskirche St. Petri   Im 11. Jahrhundert gehörte die romanische St.-Petri-Kirche zum Fischerdorf Frose, welches unmittelbar an das damalige Magdeburg grenzte. 1830 musste das romanische Schiff einem neogotischen weichen. Der Westturm mit den Rundfenstern im Glockengeschoss stammt aber noch aus der frühen Zeit der Kirche.

Marktplatz   Der um 1240 entstandene, 41 Meter lange, zweischiffige Keller des Innungshauses der Kürschner, das später das Alte Rathaus wurde, hat sich erhalten. Lage und Ausstattung des Rathauses verwiesen auf den Stolz eines selbstbewussten, wirtschaftlich starken Bürgertums in der Stadt. Dass es dabei zuweilen Ärger mit dem jeweiligen Erzbischof gab, beweist die Stadtgeschichte. Auf dem Marktplatz steht ein solches Relikt aus der Zeit der Machtkämpfe zwischen Bürgern und Erzbischöflichen: der um 1240 von Erzbischof Wilbrand aufgestellte sogenannte »Magdeburger Reiter«, in welchem viele mit einem gewissen Recht eine Darstellung von Kaiser Otto I. sehen – das erste freistehende Reiterstandbild nördlich der Alpen. Auch dieses Reiterstandbild gehört zu den Dingen, die Mechthild in Magdeburg gesehen haben müsste.

Haus der Romanik   Wer sich über die *Straße der Romanik* informieren will, ist gut beraten, das *Haus der Romanik* hinter dem Dom aufzusuchen. Vermittels multimedialer und spielerischer Möglichkeiten erhält man zudem einen interessanten Einblick in Alltag, Leben, Kunst, Religion, Recht und Lehnswesen der Zeit.

ANNA-MARIA MEUSSLING:
DER VERBORGENE CHRISTUS UND
SEINE RESTAURATORIN

Verdiente Ehrung

Da waren sich die Presse und alle Menschen, die sie kannten, einig: Anna-Maria Meussling, Restauratorin, Pfarrfrau und Mutter, hat das Bundesverdienstkreuz in der Tat *verdient*. Sie hat es verdient, weil sie mit Beharrlichkeit, manchmal mit List, immer aber mit sehr viel Engagement ihren Beruf dazu nutzte, Kunst in Kirchen, oft aber auch die Kirchen über die Kunst, die in den alten Kirchenschiffen wiederentdeckt und restauriert wurde, ins öffentliche Bewusstsein zu bringen und so zu retten. Ja, so dramatisch kann man es beschreiben.

Am 4. Oktober 2012 überreichte ihr Bundespräsident Joachim Gauck, den sie von den Berliner Bibelwochen her kannte, die schon in DDR-Zeiten stattfanden, den Orden. Bange Frage: Erkennt er mich? Gauck verfügt über ein gutes Personengedächtnis, konnte sie bei der Gelegenheit feststellen.

Das *Pretziener Wehr* gehört zu den ausgeschilderten Sehenswürdigkeiten, wenn man sich von *Schönebeck* auf den Weg nach *Gommern* begibt. Sein Bau ab 1869 sollte den wahrscheinlich um 650 als slawische Rundsiedlung ge-

Restauratorin Anna-Maria Meussling

gründeten Ort vor katastrophalen Hochwassern bewahren. Italienische Bauarbeiter und französische Kriegsgefangene bauten von 1871 bis 1875 eines der größten Schützentafelwehre Europas. 1140 erfolgte auf Anweisung Albrechts des Bären, des wichtigsten anhaltischen Fürsten und späteren ersten Markgrafen von Brandenburg, der Bau der *Pretziener St.-Thomas-Kirche*. Unter der Leitung der Mönche des Leitzkauer Prämonstratenserklosters entstand die einschiffige Saalkirche.

Mit Beharrlichkeit und List

1973 war die *Pretziener Kirche* eine Dornröschenkirche: zugewachsen, baufällig, dem Verfall preisgegeben. Sie war von der Landeskirche 1971 aufgegeben worden, staatlicherseits von der Denkmalliste gestrichen. Für einen Abriss fehlte ebenso das Geld wie für einen Wiederaufbau. Die gerade ins benachbarte Plötzky gezogene Pfarrfamilie Meussling wollte sich mit diesem Zustand nicht abfinden. *»Die Pfarrstelle meines Mannes schloss das umliegende große Naherholungsgebiet mit ein. Wir hatten dadurch bald eine große Gemeinde. Die Kirche wurde gebraucht!«*

Anna-Maria Meussling wirkt heute noch kämpferisch, wenn sie sich an diese Zeit des Anfangs erinnert. Meusslings räumten gemeinsam mit Gemeindemitgliedern die Kirche auf. *»Dann wollten wir sie weiß streichen, dass sie wieder ordentlich aussah. Da kamen mir jedoch Bedenken. Die Pretziener Kirche ist eine romanische Kirche. Sollte sie nicht doch ausgemalt gewesen sein? Das ließ mir keine*

Ruhe. Eines Tages, es war der 29. August 1973, nahm ich mir ein Skalpell und schaute mir die Wände genauer an. Ich begann meine Suche hinter dem spätbarocken Altar, der damals hier stand. Von der Empore aus begann ich meine Untersuchungen in der Apsis. Und ich wurde fündig. Eine Figur zeigte sich, von der ich zunächst aufgrund der Krone annahm, dass es sich um eine Königsdarstellung handelte. Als ich abends nach Hause kam, sagte ich meinem Mann: ›Nimm mal die Taschenlampe und komm mit in die Kirche.‹ Als wir dann in der Kirche standen, waren wir beide überwältigt. Ich sagte übrigens bereits an diesem Abend in der Kirche, dass die Entstehungszeit dieser Arbeit vermutlich um 1220 liegen würde. Das haben später die Fachleute auch bestätigt.«

Bald konnte sie sehen, dass das bekrönte Haupt nicht zu einem König, sondern zu einer Mariendarstellung gehörte, die auf ihrem Kopf einen mit Resten von Blattgold versehenen Heiligenschein, einen Schleier und eine Krone trägt.

Diese Entdeckung gab der **St.-Thomas-Kirche** endgültig eine Zukunft. Denn was da Quadratzentimeter für Quadratzentimeter in Apsis, schließlich auch in Kirchenschiff und Chorraum zum Vorschein kam, war offensichtlich eine byzantinisch beeinflusste Fresco-Secco-Malerei auf einer Fläche von 92 Quadratmetern, die zwischen 1220 und 1230 entstanden sein musste, bereits 1300 aber das erste Mal übermalt wurde: Auf den Wänden der Pretziener Kirche begegnen dem Betrachter im Gewölbe der Apsis der segnende Christus als Weltenherrscher, begleitet von der Gottesmutter Maria, Johannes dem Täufer und vier Engeln. Im Chor ist über dem Apsisbogen ein Medaillon mit der Darstellung Christi erkennbar, an den Seitenwänden folgen die klugen und die törichten Jungfrauen (die am Magdeburger Dom als Skulpturen dargestellt sind). Unter diesen Darstellungen sind Prophetenköpfe und Szenen aus der Jakobsgeschichte zu finden. Zwischen den Fenstern und an den Seitenwänden kann man Heilige sehen. Der Stammbaum Christi befindet sich auf der Leibung des Triumphbogens und über ihn hinweggehend. Die Malerei aus der Zeit um 1300, beispielsweise das Bild des heiligen Christophorus

Die klugen Jungfrauen (drei von fünf), Skulpturengruppe von ca. 1250 am Paradiesportal des Magdeburger Doms

und eine zweite Seelenwägung, stehen der Qualität der früheren Bilder eindeutig nach. Auf jeden Fall gehören die in Pretzien gefundenen Wandbilder zu den wichtigsten Zeugnissen spätromanischer Wandmalerei in Mitteldeutschland.

»*Das sahen die Mitarbeiter der Denkmalpflege, die wir sogleich alarmiert hatten, nicht so. Sie wollten, dass ich meine Arbeit sofort einstelle. Im Gespräch stellte sich heraus, was wir bis dahin nicht wussten: Die Kirche war klammheimlich von der staatlichen Denkmalliste gestrichen worden. Meine Entdeckung kam also überhaupt nicht gelegen. Die Leute vom Denkmalschutz verstiegen sich sogar zu der Behauptung, dass die Kirche überflüssig sei. Ein halbes Jahr* später erschien jedoch der Kunsthistoriker Dr. Merker und bestätigte, dass es sich um einen bedeutsamen Fund handelte. Er schickte den Hallenser Kunsthistoriker Professor Dr. Heinrich Nickel, der sich die Pretziener Kirche anschaute und sofort die Bedeutung der Arbeiten erkannte.

Am 27. Januar 1975 lud er mich und meinen Mann ein, in Halberstadt auf der Tagung für Byzantinische Kunst vor einem hochkarätigen internationalen Fachpublikum Bilder von der Freilegung der Pretziener Wandmalereien zu zeigen und von der Arbeit zu berichten. Die Fachleute aus aller Welt waren begeistert! Engländer, Franzosen und Schweizer nahmen diese neuen Nachrichten mit und entfachten ein mediales Interesse. Ein westdeutscher Gast des Halberstädter Kolloquiums hatte mit Hilfe meiner Unterlagen einen großen Artikel über die Entdeckung in einer westdeutschen Kirchenzeitung veröffentlicht, der von anderen Zeitungen bald übernommen wurde.

In der Folge reisten immer wieder Gruppen von Kunstfachleuten an, besahen sich die Wandmalereien vor Ort und diskutierten darüber. Dieses internationale, besonders aber das westdeutsche Interesse fiel staatlicherseits unangenehm auf. Wir bekamen eine offizielle Offerte, die DDR zu verlassen. Der Leiter der Abteilung für Kirchenfragen des Bezirks Magdeburg, Fritz Bellstedt, sprach mich während eines Besuchs, als mein Mann das Zimmer für einen Moment verlassen hatte, darauf an, dass wir die DDR binnen vier Wochen verlassen sollten. Mein Mann könne doch im Westen weiter als Pfarrer arbeiten, ich hätte dann als Restauratorin alle Freiheiten, hieß es. Ich erzählte das sofort meinem Mann. Natürlich weigerten wir uns. Die DDR

St.-Thomas-Kirche in Pretzien

zu verlassen und damit auch die uns anvertrauten Gemeinden, käme nicht für uns infrage, gaben wir Herrn Bellstedt zur Antwort. Ich habe nach diesem empörenden Gespräch einfach in der Kirche weitergearbeitet. Als die Behörden sahen, dass sie uns nicht einschüchtern konnten, schickten sie zwei Restauratoren, die mich unterstützen sollten. Die richteten freilich mehr Schaden an, als sie gutmachen konnten.«

Vier Jahre lang arbeitete Anna-Maria Meussling an der Restaurierung der romanischen Wandmalerei in der Pretziener Kirche. Einen zwischenzeitlich staatlich verordneten Baustopp ignorierte sie einfach. Im letzten Jahr erhielt sie sogar ein Honorar. Da sie ihre Ausbildung als Restauratorin in den Erfurter Kirchlichen Werkstätten erhalten hatte, deren Abschluss von der DDR nicht anerkannt wurde, erhielt sie ein Honorar auf der Basis einer Hilfskraft, also 1,14 Mark für die Arbeitsstunde.

Von wem stammen nun diese Bilder, die in so herausragender Qualität die Apsis der Pretziener Kirche schmücken? Bis zum großen Stadtbrand im Jahre 1207, dem auch der ottonische Dom in Magdeburg zum Opfer fiel, beschäftigte der damalige Erzbischof Albrecht I. von Käfernburg den griechischen Maler Rhesos für die Ausmalung des Doms. Die Vermutung liegt nahe, dass sich der Maler nach der Katastrophe im Umfeld des Doms nach Arbeit umsah. Die Möglichkeit, dass er der Schöpfer der hochwertigen Arbeiten in der Pretziener Kirche ist, würde immerhin auch das byzantinische Bildprogramm erklären und die These stützen, dass die bekrönte Maria ein Vorbild hatte: Ottos erste Frau Edgith (Editha). Beweisen lässt sich dies alles jedoch nicht.

Sie gab Kirchen eine Zukunft

Nein, ich glaube nicht, dass mit dieser Überschrift zu dick aufgetragen ist. Letztlich beschreibt dieser Satz genau den Sinn der Arbeit eines Restaurators oder einer Restauratorin. In der Gegenwart dafür zu arbeiten, Zeugnisse aus der Vergangenheit zu bewahren, heißt auch, sie für die Zukunft zu bewahren. Anna-Maria Meussling hat nicht nur dieser Kirche wieder eine Zukunft gegeben, sondern kann nun in ihrem siebzigsten Lebensjahr auf neun Kirchen verweisen, deren Kunstwerke dank ihres Engagements wieder sichtbar geworden sind.

41

Sie erarbeitete auch ein Konzept für die Restaurierung der herausragenden Wandmalereien und des spätgotischen Flügelaltars in der *Kirche von Zeddenick* oder beschäftigte sich mit der Restaurierung etlicher spätgotischer Altäre von *Dorfkirchen im Fläming*. Aber da befinden wir uns schon auf einer anderen Straße, nämlich der *Straße der spätgotischen Flügelaltäre*. Wenn wir jedoch die starken Frauen an der *Straße der Romanik* im Blick haben, gehört Anna-Maria Meussling auf jeden Fall zu ihnen.

GERTRUD GRÖNINGER:
DIE BAROCKE BILDHAUERIN AUS
HADMERSLEBEN

Das Kloster und der »Eisenkopf«

In Hadmersleben ist das Wohnhaus des Ritterhofes, 1649 im Renaissancestil errichtet, in seinem Originalzustand erhalten. Hier wohnte eine Maria Haltmeier, bevor sie sich vermählte. Ihr Ehemann war 1668 Rektor der Stadtschule Hadmersleben geworden. Sein Name: Heinrich Telemann. Da tauchen sie also beide auf, die Eltern des großen Magdeburger Komponisten Georg Philipp Telemann.

Mit dem Ort Hadmersleben sind aber auch andere große Namen verknüpft: Auf der *Burg Hadmersleben* war Johann Joachim Winckelmann von 1742 bis 1743 Hauslehrer.

Bereits 961 wurde das *Hadmersleber Kloster* gegründet. Otto II. hatte als sechsjähriger König auf der Gründungsurkunde seinen Vollziehungsstrich hinterlassen. Otto der Große und der Halberstädter Bischof *Bernhard von Hadmersleben* (gest. 968) waren Zeit ihres Lebens keine Freunde. Der Bischof verweigerte dem 961 zum Kaiser gekrönten Otto die kirchenrechtliche Zustimmung zur Gründung des Erzbistums Magdeburg, weil dessen Gründung wirtschaftlich und machtpolitisch eindeutig zu Lasten des Halberstädter Bistums gegangen wäre. Er wurde darum auch *Eisenkopf* genannt.

Bernhard gründete mehrere Klöster. Das in seinem Heimatort Halberstadt stattete er mit dem von seinem Vater ererbten

Besitz aus. Das Kloster aber stand bald in der Kritik. Einer der Nachfolger Bernhards, Reinhard von Blankenburg, fällte ein harsches Urteil: »*Die Frömmigkeit der Nonnen von Hadmersleben ist nicht nur entschlummert, sondern gänzlich erloschen.*« Trotz dieser Kritik überlebte das Kloster die Reformation und wurde erst 1809 auf ein Dekret des Bruders von Napoleon, Jérôme, aufgelöst.

1885 schließlich erwarb Ferdinand Heine, Pflanzenzüchter von Beruf, das stattliche Anwesen, mit Ausnahme der Klosterkirche. Ein knappes Jahrhundert später, 1965, hatte das Volksgut 6500 Hektar Acker zu bewirtschaften, hielt Pferde, Rinder, Schweine. Bereits 1981 begann man aber auch mit der Restaurierung von Kapitelsaal, Kreuzgang, Parlatorium, Äbtissinnenzimmer, Treppenturm, Loggia und Tapetensaal.

Das ehemalige Kloster beherbergt heute das ***Kulturhistorische Museum Klosterkirche***. Eine Gemäldegalerie ist zwischen 1982 und 1989 im ehemaligen Dormitorium entstanden, in denen großformatige Gemälde der Tübke-Schüler Michael Ehmig und Rudolf Pötzsch ausgestellt sind. Die Gemälde zeigen thematisch Bilder aus der Geschichte des Klosters. Der vormalige Klostergarten wurde von Ferdinand Heine in einen englischen Landschaftspark mit beeindruckenden Sichtschneisen, verschlungenen Wegen und zwei Schwanenteichen verwandelt. Beim Spaziergang im Park lassen sich unter anderem Ginkgo, kanadische Sumpfzypresse und sibirische Fuchsschwanzkiefer bestaunen.

Zwei tatkräftige Frauen –
und ein Novum in der Kunstgeschichte

Im Dreißigjährigen Krieg wurde die *St.-Peter-und-Paul-Kirche* Hadmersleben ausgeplündert und zerstört. Eine tiefgreifende Restaurierung war vonnöten. In der Folge entstand im Innern eine barocke Kirche. Ein bildnerisches Ereignis ist der barocke Hochaltar, Orgel und Kanzel sind gleichfalls barocken Ursprungs. Das Ungewöhnliche ist: Der Altar mit seinen Skulpturen ist ein Werk von (starker) Frauenhand.

Es war die mutige Entscheidung der damaligen *Äbtissin Anna Margaretha Blume*, dafür eine Frau zu wählen, eine Bildhauerin aus Paderborn.

Gertrud Gröninger tat nicht das, was man von einer Frau der Barockzeit erwartete: sich um Haus und Hof zu kümmern. Als Tochter des Paderborner Bildhauers Dietrich Gröninger und seiner Frau Engelina Rabeling wurde sie 1650 in eine Bildhauerdynastie hineingeboren. Bereits Großvater Johann und Urgroßvater Heinrich Gröninger waren Bildhauer gewesen. Auch der zwei Jahre jüngere Bruder Johann Mauritz Gröninger wurde, allerdings erst nach dem Tod des Vaters, Bildhauer. Seinen Arbeiten sieht man die flämische Schule an. Möglicherweise arbeitete er für den Antwerpener Bildhauer Ludovicus Willemsen, der 1662 den Hochaltar für den Paderborner Dom schuf. 1674 wurde der junge und be-

Die Künstlerin wusste, wie eine Frau ein Kind hält: Gertrud Gröninger schuf im 17. Jahrhundert die Maria mit dem Jesuskind für den Barockaltar der Hadmersleber Klosterkirche.

gabte Künstler als Hofbildhauer nach Münster berufen. Der Forscher Alois Fuchs schreibt, dass die Familie »*wenigstens neun, vielleicht sogar zehn Bildhauer, eine Bildhauerin und einen Architekten hervorgebracht*« habe und »*mit ihrer Wirksamkeit einen Zeitraum von zwei Jahrhunderten, vom letzten Viertel des 16. bis zum letzten des 18. Jahrhunderts,*« umspanne.

Gertrud Gröninger arbeitete als Bildhauerin überwiegend im westfälischen Paderborn. Arbeit fand sie vor allem im kirchlich-katholischen Rahmen. Fuchs verweist darauf, dass sie »*ein reiches Schaffen entfaltet hat, von dem manches Werk noch heute erhalten ist, so der reiche Figurenbestand des Hochaltars von Hadmersleben*«.

Eigentlich hatte der Halberstädter Meister Tilo Zimmermann den Gesamtauftrag für den dreigeschossigen Hochaltar erhalten. Aus uns nicht bekannten Gründen entzog ihm aber die tatkräftige Äbtissin den Auftrag – er sollte sich nun lediglich auf die Schaffung von Aufbauten und des Rankenwerks beschränken. Mit der Erarbeitung der lebensgroßen Skulpturen betraute sie Gertrud Gröninger. Man muss es sich verdeutlichen: Wir schreiben das Ende des 17. Jahrhunderts, und eine Frau überträgt einer Frau die Aufgabe, die wichtigsten Bildwerke einer Kirche zu schaffen! Das ist ziemlich einmalig in der Kunstgeschichte.

Siebzehn lebensgroße Figuren schnitzte sie in einem Zeitraum von nur zwei Jahren, von 1695 bis 1697. Damit wäre ihr Auftrag erfüllt gewesen. Doch Meister Zimmermann kam mit den Aufbauten des Altars nicht nach. Gertrud musste deswegen ihren Hadmersleber Aufenthalt um ein Jahr verlängern und nutzte die Zeit: Sie schuf weitere Figuren, die

An der Kreuzigungsgruppe im Hadmersleber Pfarrhaus ist die einzig erhaltene Signatur der Künstlerin zu finden, deren Schaffenszeit sich über fünfzig Jahre erstreckte.

sich gleichfalls in der Kirche, zu einem geringeren Teil auch im Pfarrhaus befinden.

Zu den von Gertrud Gröninger erhaltenen Arbeiten zählen das Kruzifix im Stift Heerse, die ihr zugeschriebenen Statuen im Kloster Oerlinghausen und eine Reihe von Bildnissen im Bereich des Hochstifts Paderborn. Eine Nachricht aus dem Jahr 1715 besagt, dass sie auch eine Arbeit für die Hegensdorfer Kirche bei Paderborn ausgeführt habe.

1722 starb die Frau mit dem für ihre Zeit ungewöhnlichen Beruf. Die von ihr geschaffenen Figuren sind einzigartig, sie strahlen eine beeindruckende Lebensechtheit aus. Man muss einfach der Madonna und St. Michael in der Hadmersleber Klosterkirche begegnen, um Gertruds Kunst richtig zu würdigen.

KLOSTERFRAUEN IN DRÜBECK:
SUCHE NACH DER SEELE

Ein Frauenort

Mehr als 1100 Jahre lebten im *Kloster Drübeck* Frauen in einer Gemeinschaft. Es zählt zu den ältesten Klostergründungen in Mitteldeutschland. Nach seiner Zeit als Benediktinerinnenkloster wurde es ein evangelisches Damenstift. Insofern ist Drübeck ein Frauenort par excellence.

Am Anfang stand jedoch eine Fälschung: Vom 26. Januar 877 soll – nach dem Willen des Fälschers aus dem 13. Jahrhundert – die Urkunde stammen, in welcher das Benediktinerinnenkloster Drübeck, eine Tochtergründung des Klosters Corvey, erstmals erwähnt wurde. Die früheste tatsächliche Erwähnung ist aber erst auf einer Landschenkungsurkunde Kaiser Ottos I. aus dem Jahre 960 zu finden. 980 schließlich nahm Otto II. Drübeck unter königlichen Schutz. Somit war die Äbtissin oberste Gerichtsherrin und das Kloster hatte eine privilegierte Stellung. 995 bestätigte Otto III. die freie Äbtissinnenwahl und damit die Besonderheit des Klosters. Mit Reformation und Bauernkrieg erlosch das Klosterleben. Erst 1687 übernahm der Graf zu Stolberg-Wernigerode das Kloster als evangelisches Damenstift. Auf die Bitte der letzten Äbtissin, Magdalena, nutzte schließlich die Kirchenprovinz Sachsen ab 1946 das Kloster als Erholungsheim und Tagungsstätte. Seit 1996 sind im Kloster Drübeck das Pädagogisch-Theologische Institut, das Pastoralkolleg und das *Haus der Stille* angesiedelt.

Altar in der Klosterkirche St. Vitus im Kloster Drübeck

Die **Klosterkirche St. Vitus** wurde um 1000 als flachgedeckte Basilika erbaut. Sie gilt als eines der bedeutendsten romanischen Bauwerke des nördlichen Harzrandgebietes. Erwähnt ist sie in einer Urkunde Kaiser Heinrichs II. Die Mittelschiffwände mit dem einfachen Stützenwechsel, die fünf Säulen mit ottonischen Kapitellen und der Südarm des Querhauses stammen noch aus ottonischer Zeit. Die Kalksteintaufe aus dem späten 12. Jahrhundert rechnet man ebenfalls dem romanischen Stil zu. Um 1170 wurde schließlich der imposante Querriegel mit den beiden beeindruckenden Türmen errichtet, die Kirche eingewölbt und die gestaffelte Choranlage angefügt. Aus dem 15. Jahrhundert ist das restaurierte Triumphkruzifix. Nach den Zerstörungen im Bauernkrieg wurde 1599 zu allem Übel noch ein Brand gelegt. Nach dem politischen Umbruch 1989/1990 wurde St. Vitus restauriert, nachdem bereits in den 1950er Jahren versucht worden war, den Originalbau teilweise wieder herzustellen.

Der spätgotische Flügelaltar, ein Schnitzretabel, stammt aus der Zeit um 1500 und zeigt die Krönung der Maria durch Christus, flankiert von weiblichen und männlichen Heiligen. In der Krypta der Kirche findet man eine ganzfigurige Reliefplatte aus Sandstein. Dabei handelt es sich um den Grabstein der ersten Äbtissin des Drübecker Klosters, Adelbrin. Sie war die Schwester der Klostergründer, der Grafen und Brüder Theti und Wiker, und ist wahrscheinlich gegen 900 gestorben. Das Grabmonument in der Krypta der Kirche ist ein Werk des 12. Jahrhunderts.

Die *Klostergärten* gehören zum touristischen Netzwerk *Gartenträume – historische Parks in Sachsen-Anhalt*. Die Anlage ist in den zurückliegenden Jahren auf der Basis eines im Drübecker Archiv aufgefundenen Plans aus der ersten Hälfte des 18. Jahrhunderts aufwändig restauriert worden. Die 1730 aus sieben Bäumen gepflanzte Sommerlinde weist heute den beträchtlichen Stammumfang von 5,56 Meter auf. Sehenswert sind die Gärten der Stiftsdamen mit den Gebetshäusern, der Äbtissinnengarten und der Klosterhof. Das Klostercafé im ehemaligen Gärtnerhaus sowie der Klosterladen sind im Zuge der touristischen Erschließung des Klostergeländes ebenfalls in den letzten Jahren entstanden und stellen eine willkommene Ergänzung des Ensembles dar.

Brunhilde Langelüddecke:
Wie man die offene Kirche lebt

Am 13. August 2010 hieß die Tageslosung: »*Meine Tränen sind meine Speise Tag und Nacht, weil man täglich zu mir sagt: Wo ist nun dein Gott?*« (Psalm 42,4). Neben der Tageslosung findet sich in *Glaube und Heimat* von diesem Tag ein Bericht über die erste *Romantische Nacht* nach dem Tod von Brunhilde Langelüddecke. Sie, die als Geschäftsführerin des *Evangelischen Zentrums Kloster Drübeck* wesentlich dafür gesorgt hatte, dass dieser geistliche Erlebnisort als Teil der *Straße der Romanik* und als Teil der *Gartenträume* in die touristischen Netzwerke samt deren Fördermöglichkeiten eingebunden worden war, starb im Juni 2010.

Brunhilde Langelüddecke war eine »gefährliche Frau«. Sie war eine »Menschensammlerin«. Sie hatte die Gabe, Menschen für die Dinge, die ihr am Herzen lagen, zu gewinnen. Wer ihr einmal begegnete, dem blieb sie mit ihrem Charisma, ihrer Klugheit, ihrem Engagement, aber auch mit ihrer Obsession für ganzheitliche Konzepte und ihrem sicheren Stilempfinden unauslöschlich in Erinnerung. »*Sie hatte eine Art, Menschen ihre Kirche, die Idee dieses geistlichen Zentrums auf so einfache Weise nahezubringen, dass sich auch die Kirchenfernen plötzlich zu interessieren begannen. Diese Gabe hat mich immer sehr fasziniert. Sie war für mich die Verkörperung der Idee der offenen Kirche*«, erzählt Heike Mortell, Gartendenkmalpflegerin und Freundin.

Die beiden sind sich früh begegnet – unter Vorzeichen, die nicht günstig für eine Freundschaft standen. Langelüddecke hatte sich gefreut, dass der Landkreis ihr ABM-Leute schickte, die das Gelände des Evangelischen Zentrums auf Vordermann bringen sollten. Mortell hörte davon, dass im Klosterhof die vier alten *»störenden Eiben«* gefällt werden sollten, welche die dreihundertjährige Linde umgaben. Das rief die Gartendenkmalpflegerin auf den Plan, die entschieden mit einem *Nein!* reagierte. *»Ich habe als damals recht junge Denkmalpflegerin die Maßnahme gestoppt und gleichzeitig angeregt, sich mit der Geschichte dieses Gartens zu beschäftigen. Letztlich sollte die ganze Anlage vergärtnert, also ohne Rücksicht auf die historischen Befunde und Pläne verschönt werden.«*

Die beiden Frauen mussten sich treffen. Gemessen an der Wichtigkeit des Projektes sprachen sie schließlich regelmäßig miteinander. *»Sie ließ sich überzeugen, dass wir eine Konzeption benötigen, die sich mit der gartenhistorischen Entwicklung beschäftigt. Mit der Gartendenkmalpflege habe ich Brunhilde mit einem für sie erst einmal recht fremden Arbeitsgebiet konfrontiert. Aber sie war sehr aufmerksam. Sie las nach, fragte nach – und sprach auch mit ihren Mitarbeitern über diese Themen. Als wir durch Schürfungen die alten Wegekanten im Äbtissinnengarten zum Vorschein brachten, die der im Archiv wiedergefundene Gartenplan von 1724 angab, war das für sie plötzlich greifbar. Als sie sah, dass das nicht nur Theorie war, sondern die Dinge im Verborgenen noch da sind, hatte sie Feuer gefangen.«*

Mit dem Engagement beider Frauen konnte die Drübecker Anlage mit Mitteln der Evangelischen Kirche und erheblichen Fördermitteln des Landes Sachsen-Anhalt schließlich so gestaltet werden, dass die Besucher einen Eindruck erhalten, wie vor Jahrhunderten die Gärten gedacht gewesen sind.

Brunhilde Langelüddecke

Als die Idee der *Gartenträume* aufkam, des Netzwerks der historischen Parks in Sachsen-Anhalt, brachte sich Brunhilde Langelüddecke ein. Nicht als stilles Mitglied, sondern als jemand, der die Idee mitgestalten wollte. Für Drübeck erfand sie die *Romantische Nacht*.

»*Sie war die Seele Drübecks*«, erinnert sich mit Wehmut eine Drübecker Mitarbeiterin. Freilich, sie war eine beunruhigende Seele. Eine mit Visionen. Eine, die mit ihren Ideen in großer Zahl Menschen anlockte, die sich anschauen wollten, was da entstand. Der Konflikt war vermutlich unausweichlich. Die Kirchenleitung der Evangelischen Kirche der Kirchenprovinz Sachsen hielt es für geraten, die »*Seele*« gegen einen Theologen auszutauschen. Wer die Demontage mit ansehen musste und erlitt, wusste, dass man ihr mit dieser Entscheidung das Herz aus dem Leibe riss. »*Meine Tränen sind meine Speise Tag und Nacht, weil man täglich zu mir sagt: Wo ist nun dein Gott?*«

DIE STARKEN FRAUEN
DER OTTONEN – UND WIE SIE DIE
STÄDTE PRÄGTEN

Am deutschesten aller Orte

Was hat denn die *Loreley* an der *Straße der Romanik* zu suchen? Ja, das hat Heinrich Heine nun angerichtet, dass einem als Erstes die Loreley einfällt, wenn man vom *deutschesten aller Orte* spricht. Gehen wir doch mal aus historischer Sicht an die Sache. Da stünde Aachen zur Debatte. Aber stand Karl der Große, auch wenn er Vorbild Ottos des Großen war, am Beginn des später so genannten *Heiligen Römischen Reiches Deutscher Nation*?

Wo saß denn Heinrich seinerzeit am Vogelherd? Wo gaben sich die ottonischen Frauen buchstäblich die Klinke in die Hand? Wo gibt es diesen imposanten Burgberg mit der Grablege des ersten ottonischen Herrschers, der noch den Liudolfingern zugerechnet wird, bevor die Herrschaften nach ihrem Größten umbenannt wurden? Wo ist dieser imposante Stiftsschatz zu besichtigen, der zu großen Teilen von der Frau des zweiten Otto stammte, jener »Ausländerin«, die so wichtig in der deutschen Geschichte wurde? Von Theophanu, der byzantinischen Prinzessin?

Quedlinburg ist gemeint. Der Ort, wo vom 10. bis 12. Jahrhundert die Osterpfalz der Ottonen gestanden hat. Die *Stadt Heinrichs und seiner Mathilde*, in der sie ihren Memorialort schufen. Dreißig Jahre stand die zweite Frau

König Heinrichs I. selbst dem *Damenstift* vor, ohne Äbtissin zu sein. Fast 900 Jahre hatte das Damenstift Bestand, an dessen Spitze zunächst ottonische Frauen standen, ab dem Osterhoftag 966 Mathilde, die Tochter Otto I.

Quedlinburg mit seiner wundervollen Altstadt, die mit dem Schlossberg und dem Münzenberg heute UNESCO-Welterbe ist und die mehr als eintausend Fachwerkhäuser aus sechs Jahrhunderten hat, liegt im Ostharz. Die Sachsen unter ihrem Herzog Heinrich hatten hier ihr Machtzentrum. Jene Sachsen, die unter Karl dem Großen in blutigen Kriegen unter das Kreuz gezwungen wurden.

Dreißigmal war Otto der Große in der Stadt seines Vaters Heinrich. Das belegt, dass der Ort auch für den Nachfolger König Heinrichs I. von großer Bedeutung war. Wichtige Hoftage wurden hier abgehalten.

Edithas Schwiegermutter –
nicht nur die Königin an »des Voglers« Seite

Heinrich und dessen erste Frau *Hatheburg* wurden 909 geschieden, Hatheburg trat in ihr zugesagtes klösterliches Leben ein und wurde Äbtissin. Heinrich behielt das Erb- und Heiratsgut und wandte sich der zur Familie der Immedinger gehörenden *Mathilde* zu, einer Nachkommin aus der Familie des Anführers der Sachsen gegen die Christianisierungsfeldzüge unter Karl dem Großen, Widukind. Die Immedinger verfügten über umfangreiche Besitzungen in Ostfalen und als Erben Widukinds auch in Westfalen. Mathilde wurde wahrscheinlich 896 in der heutigen Widukindstadt Enger geboren und starb am 14. März 968 in Quedlinburg. Sie wurde im Kloster Herford von ihrer Großmutter Mathilde, die Äbtissin des Klosters war, erzogen. Auch wenn der Bräutigam 33 Jahre, die Braut erst 13 Jahre alt war, unterstützte die Großmutter die Hochzeit mit dem künftigen Sachsenherzog.

Heinrich bestimmte Quedlinburg auch zu seiner Grablege. Daher wurde sein Leichnam 936 von seinem Sterbeort Memleben hierher überführt und in der Pfalzkapelle auf dem Schlossberg bestattet. Seine Witwe ließ sich von Otto I. die Gründung eines Damenstiftes mit der Aufgabe der Totenmemorie beurkunden und stand dreißig Jahre dem Stift als Laienäbtissin vor. Zu ihrem Besitz als Wittum zählten damals neben Quedlinburg auch Pöhlde, Nordhausen, Gronau und Duderstadt.

Die Ehe zwischen Mathilde und Heinrich scheint glücklich gewesen zu sein und war mit fünf Kindern gesegnet: Neben den drei Söhnen Brun, Heinrich und Otto erblickte Tochter Gerberga 913 in Nordhausen das Licht der Welt. Sie erhielt ihren Namen nach der Großtante, der Äbtissin Gerberga von Gandersheim. Gerberga heiratete zunächst den lothringischen Herzog Giselbert, der später, Teil des Komplotts des Königsbruders Heinrich gegen Otto, auf der Flucht im Rhein ertrank. Die junge Witwe heiratete danach den sieben Jahre jüngeren westfränkischen Karolinger-König Ludwig. Die andere Tochter Hadewig heiratete Herzog Hugo den Großen von Franciens, den Ahnherrn der Capetinger und damit des künftigen französischen Königsgeschlechtes.

Frühgotische Skulptur von Mathilde.
Sie gehört zu den Stifterfiguren des Nordhäuser Doms.

Schönheit und Verstand sagte man Mathilde nach, wenn man ihren Lebensbeschreibungen glauben darf. Barmherzigkeit, also soziales Bemühen, rühmten die Geschichtsschreiber ebenso wie ihre Frömmigkeit und Demut. Ihren Mann überlebte sie mehr als dreißig Jahre. Während Heinrich den zweiten Sohn aus der Ehe mit Mathilde, Otto, zu seinem Nachfolger erkor, hätte Mathilde lieber ihren Lieblingssohn Heinrich auf Ottos Platz gesehen. Diese Konstellation allein macht schon klar, dass es vermutlich nicht immer »gut Wetter« zwischen Mutter und ihrem Sohn Otto, dem späteren König, gab. Mehrfach kam es zu Aussöhnungen zwischen beiden, die nicht zuletzt auch von Ottos Gemahlin Editha vermittelt wurden.

Mathilde lernte erst nach dem Tod Heinrichs lesen und schreiben. Ein langes Leben war ihr beschieden, zwei ihrer Söhne starben vor ihr, Heinrich und Brun, auch ihre Tochter Hadewig. Die aus der Ehe von Otto und Editha stammenden Kinder, Enkel Otto und die nach ihr benannte Enkelin Mathilde, wuchsen heran. Letztere wurde gar ihre Nachfolgerin in Quedlinburg.

Als Mathilde 968 in Quedlinburg starb, schrieb Widukind, der Chronist: »*Wenn wir zu ihrem Tode etwas sagen wollen, so reichen unsere Kräfte nicht aus; denn die Tugend dieser erhabenen Frau überragt, was wir zu fassen vermögen.*« Mit dem reichen Erbe hatte Mathilde eine Reihe von Stiftungen getätigt. So geht das *Kloster St. Servatius* auf dem *Quedlinburger Schlossberg* auf ihre Initiative zurück. Mathilde wurde schließlich neben ihrem Mann in der Pfalzkapelle bestattet.

Mathilde: Äbtissin des Quedlinburger Stifts und wichtigste Frau im Reich

»*Es sind die Verrückten, die die Welt zusammenhalten*«, schmunzelt Professor Dr. Siegfried Behrens, bis 2006 Chefarzt der Klinik für Unfallchirurgie am Klinikum Lemgo-Lippe. Er ist der Wiederentdecker der verborgenen Geheimnisse des *Quedlinburger Münzenberges*. Eigentlich wollte er seinerzeit nur ein Fachwerkhaus in Quedlinburg kaufen, geriet versehentlich auf den Münzenberg, verliebte sich in ihn, kaufte dort statt im Zentrum sein Fachwerkhaus für wenig Geld, weil viel, sehr viel daran zu restaurieren war. Dabei stieß er auf einen Keller, der seiner Ansicht nach ursprünglich Teil einer Kirche gewesen sein musste. Die hinzugerufenen Archäologen bestätigten das. Er kaufte die Häuser nebenan, stieg in die Keller, bis er sozusagen die gesamte romanische *St.-Marien-Kirche vom Münzenberg* erschlossen hatte, und baute seine Häuser so wieder auf, dass man fortan unterirdisch die Reste dieser alten Klosterkirche begehen und vermittels gläserner Fußböden auch vom Erdgeschoss aus betrachten kann.

Es handelt sich tatsächlich um die Kirche des Benediktinerinnenklosters auf dem Münzenberg, welches 995 geweiht worden war. Mathilde, Enkelin von Königin Mathilde und Tochter Otto des Großen, hatte das Kloster zum Gedenken an ihren Bruder, Otto II., 986 gestiftet. Ein Blitzschlag zerstörte es 1015 teilweise. 1017 war der Wiederaufbau aber bereits abgeschlossen und die Kirche wurde in Gegenwart Kaiser Heinrichs II. neu geweiht. Einige Forscher fanden Ähnlichkeiten mit oströmisch-byzantinischen Kirchen und werfen die Frage auf, ob auch *Theophanu* beim Bau der Gedächtniskirche für ihren Mann mitgesprochen habe. Nach der Aufgabe in der Folge des Bauernkrieges wurde das Kloster als Steinbruch genutzt, in vielen Fällen nutzte man aber auch die Fundamente oder eben das Kirchenschiff als Keller, die Apsis fand sich gar in einem der Fachwerkhäuser in einer Küche verbaut.

Mathilde wurde 955 als Tochter Ottos des Großen und seiner zweiten Frau Adelheid von Burgund geboren. Der Name, den auch ihre Großmutter und ihre Urgroßmutter trugen, bedeutet *»die im Kampfe Mächtige«*. Bereits im Alter von elf Jahren wird sie 966 zur Äbtissin des Kanonissenstiftes auf dem Schlossberg, mit der damals noch kleineren, später *St. Servatius* genannten *Stiftskirche*, geweiht. Im April 967 erhält sie die Bestätigung durch Papst Johannes XIII.

Quedlinburg wird unter den Ottonen nach Otto dem Großen und dem Magdeburger Zwischenspiel – wobei die Osterhoftage auch unter Otto I. zumindest teilweise in Quedlinburg stattfanden – wieder so etwas wie eine »heimliche« Hauptstadt des Ottonenreiches.

Mathilde wurde bald eine der wichtigsten Frauen im Reich. 974 wurden ihr mehrere Königshöfe zu eigener Verwendung übertragen, darunter Ditfurt, Duderstadt und Nienburg an der Saale. Zwischen 978 und 981 erhielt sie, obwohl sie sich bei ihrer Mutter *Adelheid* in Italien und nicht am Hofe aufhielt, immerhin ein Drittel der Reichsmittel für karitative Zwecke. Im Streit um die Nachfolge Ottos II. verweigerte Mathilde die Teilnahme an dem im März 984 von Bayernherzog Heinrich dem Zänker einberufenen Reichstag in Quedlinburg – Heinrich meldete seine Thronansprüche an. Sie reiste mit den Kaiserinnen *Adelheid* und *Theophanu*, ihrer Schwägerin, über Pavia und Burgund nach Rohr bei Meiningen. Adelheid hatte ihre Netzwerke genutzt, um die Unterstützung für den Zänker zu untergraben. Auf diese Weise gelang es ihr tatsächlich, dass sich Heinrich der Zänker unterwerfen und den von ihm gefangen gehaltenen Knaben, den künftigen Kaiser, freilassen musste. Mit Regierungsantritt Ottos III. erhielt Mathilde zahlreiche Schenkungen, darunter den Königshof Walbeck. Sie nutzte diese Schenkungen, ihrem Quedlinburger Stift eine sichere Zukunft zu geben oder, wie in Walbeck, Tochterklöster zu gründen.

Auch für die Stadt Quedlinburg erreichte Mathilde einiges, beispielsweise das Markt-, Münz- und Zollprivileg. Das waren Rechte, wie sie sonst nur Städte wie Köln, Mainz und Magdeburg besaßen. Das Einkommen aus diesen Rechten kam Mathildes Stiftung zugute. Von 997 an bis 999, bis zu ihrem Tod, übernahm sie während des Italienaufenthaltes Ottos III. die Regentschaft. 998 organisierte sie sogar die Verteidigung gegen die Slawen.

Nach ihrem Tod wurde sie in der *Stiftskirche St. Servatius* beigesetzt. Ihre Grabinschrift bezeichnet sie als *matricia* über Sachsen. Der Text wird ihrem dankbaren Neffen zugeschrieben, also Kaiser Otto III.

Widukind von Corvey, Mönch und Chronist der Ottonen, widmete ihr seine *Geschichte der Sachsen*, in der die Taten des Großvaters und des Vaters Mathildes beschrieben werden. Das lässt noch einmal aufscheinen, welche bedeutende Rolle sie für das Reich gespielt hat.

THEOPHANU: DIE BYZANTINISCHE »GOTTESERSCHEINUNG«

Orient trifft Okzident

Im Garten seines Hauses in Magdeburg erzählt mir, spitzbübisch lächelnd, der aus Quedlinburg stammende Komponist Thomas König folgende Geschichte: Als Geiger gehörte er zu dem Kammerorchester, das beim Festakt anlässlich der Rückkehr einer Reihe der schönsten Pretiosen des Stiftsschatzes musizierte. Ein amerikanischer GI, ehemaliger Kunststudent, hatte sie als ganz private Kriegsbeute 1945 per Post verschickt und schließlich in seinem Laden in einem Dorf mitten in der texanischen Wüste ausgestellt. Von dort gelangten die Stücke nun also nach Deutschland zurück. Zum Festakt wurde Bach gespielt. Und Thomas König dachte: Warum Bach? Klingt gut, gehört aber weder zur Zeit noch zum Schatz, von welchem etliche Stücke mit der – für ottonische Verhältnisse reich ausgestatteten – künftigen Schwiegertochter *Theophanu* aus Byzanz nach Quedlinburg gelangt waren. König betrachtete den Schatz Stück für Stück. Etliche ließen schon im Ansehen bei ihm Musik anklingen. Und so entstand ein Werk, geschrieben für den Stiftsschatz mit seiner ungewöhnlichen Geschichte, unterteilt in einzelne Sätze, die jeweils einer Pretiose zugeordnet sind, *Heinrichs Kamm* beispielsweise. Das Werk für Kammerorchester, Jazzband

Die frühgotische Skulptur der Theophanu gehört zu den Stifterfiguren im Nordhäuser Dom.

und Orgel heißt *Ars Quitilinga*. Es zeugt von einem klugen Kunstverständnis und von einer tiefen Verbundenheit mit der Geschichte der Heimatstadt des Komponisten.

Orient trifft Okzident – beim Quedlinburger Stiftsschatz staunt man über die reiche und großartige handwerkliche Kunst. Bei der Musik ist das nicht anders. Wie aber kam es überhaupt dazu, dass wir solche staunenswerten Spuren einer jungen Frau aus ferner Zeit auf dem Schlossberg einer Stadt mitten in Deutschland besichtigen können? Welcher Grund führte die »*Gotteserscheinung*« aus dem reichen Byzanz ins vergleichsweise, pardon, hinterwäldlerische Quedlinburg?

Der Stolz des Schwiegervaters

Ostern 973 war Quedlinburg die Hauptstadt Europas. Gesandte des Kontinents besuchten den Hoftag, den Kaiser Otto I. einberufen hatte. Stolz wollte Otto der Große aller Welt die Braut seines Sohnes Otto, die byzantinische Prinzessin **Theophanu**, präsentieren. Das oströmische Reich, das die Reihe seiner Kaiser bis in die Antike verfolgen konnte, erkannte den Kaiser, der sich in der Tradition der weströmischen Kaiser sah, endlich an. Dass die Prinzessin, die der oströmische Kaiser Johannes Tzimiskes gesandt hatte, keine purpurgeborene Prinzessin, also nicht direkter kaiserlicher Herkunft war, führte zwar zu Getuschel und abfälligen Reden, zum Beispiel von Abt Odilo von Cluny, ließ Otto I. aber ungerührt. Er war angekommen unter den Mächtigen Europas. Nicht zuletzt die in den Quellen genannten reichen Schätze, die die Prinzessin aus ihrer Heimat mitgebracht hatte, zeugten von der Ehrerbietung, die man dem weströmischen Kaiser entgegenbrachte. Auf der Höhe seiner Macht starb Otto der Große im selben Jahr unter ungeklärten Umständen plötzlich nach einem Mittagessen in seiner Lieblingspfalz Memleben.

Den Sachsenedlen war die Braut aus dem fernen Konstantinopel alles andere als willkommen, achteten sie doch misstrauisch darauf, dass durch Ottos Zentralismus ihre eigene Macht nicht zur Ohnmacht würde. Doch die Nachfolge war geregelt. Theophanu war mit der Hochzeit in Rom zur Mitkaiserin gekrönt worden, was sich später, als es um die Thronbewahrung für den bei dem frühen Tod seines Vaters erst dreijährigen Otto III. ging, als weise herausstellen sollte.

Consors regni und *Coimperatrix*

Die 960 in Konstantinopel geborene Theophanu, deren Name übersetzt *Gotteserscheinung* bedeutet, war eine Nichte des Kaisers Johannes Tzimiskes. Seit Februar 967 hatte Otto der Große sein Aktionsgebiet in den Süden Italiens verlagert und kam auf diese Weise in direkten Konflikt mit Byzanz, das dort Besitzungen hatte. Der vormalige byzantinische Kaiser Nikephoros Phokas, zunächst ebenfalls nicht unbedingt auf eine kriegerische Auseinandersetzung aus, fühlte sich aber durch die Huldigungszüge Ottos auf dem von Byzanz beanspruchten Gebiet düpiert. Otto, auf der Suche nach einer Braut für seinen Sohn, ließ diesen am Weihnachtstag 967 durch Papst Johannes XIII. zum Mitkaiser krönen, um ihn damit für die Byzantiner attraktiver zu machen. Die in den folgenden Jahren stattfindenden militärischen

Aktionen in Süditalien waren für keine Seite von Erfolg gekrönt. Der Konflikt bestand aus vereinzelten kriegerischen und diplomatischen Aktionen und wurde erst 969 »gelöst«, als Johannes Tzimiskes seinen Vorgänger und den Ehemann seiner Geliebten, Kaiser Nikephoros Phokas, ermordete. Tzimiskes hatte kein Interesse an einem Konflikt mit Westrom. So hatte endlich Ottos Werbung um eine byzantinische Schwiegertochter Erfolg.

Am 14. April 972 heirateten Otto II. und Theophanu. Unmittelbar nach der Hochzeit wurde Theophanu zur Kaiserin gekrönt. Sie erhielt große Besitzungen und dadurch erhebliche Macht im Reich. Ihren ersten Auftritt nördlich der Alpen hatte sie, wie schon erzählt, anlässlich des Osterhoftages 973. Später unterstützte sie ihre Schwägerin, *Äbtissin Mathilde*, bei der Einrichtung des *Marienklosters auf dem Münzenberg* bei Quedlinburg als Memorialstift für ihren früh verstorbenen Mann. Die Nonnen hatten als Aufgabe, die Gebete für das Seelenheil des Fürsten zu übernehmen.

Als Otto II. 983 in Italien, nach einem misslungenen Feldzug gegen die Sarazenen, offenbar an Malaria verstarb, übernahm die kluge und tatkräftige junge Mitkaiserin Theophanu, zusammen mit ihrer Schwiegermutter, der burgundischen Adelheid, die Herrschaft anstelle des noch minderjährigen Otto III. Es waren der Erzbischof Willigis von Mainz, der 984 die Regentschaft Theophanus für ihren Sohn durchsetzte und ihr als Erzkanzler zu Diensten war, sowie der Bischof Hildebold von Worms, ihr Kanzler, die sie unterstützten – mitunter auch gegen die Machtansprüche des sächsischen Adels oder gegen die Ansprüche Heinrichs des

Zänkers von Bayern. Theophanu verwaltete das Reich nicht nur, sie bestimmte seine Politik, bahnte bereits die spätere Ostpolitik ihres Sohnes an, indem sie beispielsweise 984 den Abt Unger von Memleben zum Bischof von Posen einsetzte. Die Anerkennung Hugo Capets als König von Frankreich wiederum sicherte ihr die Herrschaft über Lothringen. Sie sah die Politik, die sie machen wollte, sehr genau vor sich. Die glänzenden Hoftage in Quedlinburg 986 und 991 zeigten das deutlich.

Tage des Triumphes

Zwei Osterhoftage in Quedlinburg stehen für die erfolgreiche Politik Theophanus: der Hoftag 986, der die Anerkennung des kleinen Otto als künftigen Kaiser brachte, und der Hoftag 991, der die erfolgreiche Politik Theophanus und die Anerkennung Ottos bestätigte.

Wie hatte sich doch Heinrich der Zänker noch 984 in Quedlinburg aufgeführt! Er beanspruchte den Thron, ließ sich zum König ausrufen und setzte gar den kleinen Otto fest. Erst als Theophanu und Adelheid auf den Ruf von Bischof Willigis aus Italien zurückkamen und damit seine Anhängerschaft zugunsten des ja schon gekrönten Otto dramatisch schmolz, übergab Heinrich auf dem Reichstag zu Rohr bei Meiningen den kleinen Otto. Und nun, zwei Jahre später, wurde auf diesem Osterhoftag des Jahres 986 die Stellung des jungen Königs vor aller Welt und mit aller Macht bestätigt. Wir schreiben das Jahr, in welchem die Quedlinburger *Äbtissin Mathilde* zusammen mit ihrer Schwägerin Theophanu

Marienkloster und Marienkirche auf dem Münzenberg stiftete.

Und nun, fünf Jahre später: Was für eine Pracht herrschte da in der Stadt und auf dem ***Schlossberg zu Quedlinburg*** um Ostern 991! Menschen aus aller Welt – zumindest der damals bekannten – versammelten sich hier. Allesamt zogen sie nach intensiven politischen Beratungen – reich beschenkt und entzückt vom Glanz des Hofes unter Otto III., seiner erfolgreichen Mutter ***Theophanu***, seiner Großmutter ***Adelheid*** und der tüchtigen Äbtissin ***Mathilde*** von Quedlinburg – wieder in ihre Heimat.

Gleich drei starke ottonische Frauen sorgten für Ruhe im Reich, für seine Stärke nach innen wie außen sowie für gewaltige wirtschaftliche und kulturelle Leistungen. Der Chronist Thietmar von Merseburg war voll des Lobes für die umsichtige Regentin. Doch erging es Theophanu wie ihrem Schwiegervater: Auf dem Höhepunkt ihrer Macht starb sie am 15. Juni 991 nach kurzer Krankheit in der Pfalz Nimwegen. Auf ihren Wunsch hin wurde sie im Kölner Kloster St. Pantaleon beigesetzt. Hier ist ihr Grab auch heute noch zu sehen, seit 1962 in der Form eines aus weißem Naxos-Marmor gestalteten Sarkophags. Seit 1989 findet alljährlich an ihrem Todestag eine Eucharistiefeier für die Einheit der Christen in Ost und West statt.

Gerühmt wurde die Regentin aufgrund ihrer außerordentlichen Bildung und der Eleganz ihrer Erscheinung. Theophanu beherrschte mehrere Sprachen und zeigte sich als gewandte Diplomatin mit großem Durchsetzungsvermögen. Das brachte ihr auch die Achtung ihrer Gegner ein und half ihr, die Ansprüche ihres Sohnes über die Jahre zu erhalten.

Nach ihrem frühen Tod übernahm ihre Schwiegermutter Adelheid für den noch zu jungen Otto drei Jahre lang die Regentschaft. Aber nicht nur ihr Enkelsohn, Otto III., gehörte zu den großen Gestalten der Ottonen, auch zwei ihrer Enkeltöchter, die Töchter Theophanus und Ottos II., spielten eine kluge und wichtige Rolle: Tochter *Adelheid* als *Äbtissin von Quedlinburg* und Tochter *Sophia* als *Äbtissin von Gandersheim und Essen*.

STRASSE DER ROMANIK: BLICKPUNKTE IN QUEDLINBURG

Die UNESCO-Welterbestadt ist reich an »Blickpunkten«. Wir beschränken uns daher nur auf wenige Orte, welche die in diesem Band erzählte Geschichte berühren.

Stiftskirche St. Servatius   Unter den romanischen Kirchen Quedlinburgs steht die Stiftskirche St. Servatius hoch oben auf dem Schlossberg über der Altstadt. Sie ist Grablege von König Heinrich I., Königin Mathilde und ihrer Enkelin, Äbtissin Mathilde. Die Stiftskirche ist der vierte Kirchenbau an dieser Stelle, 1129 geweiht. Im romanischen Kirchenraum wird das Auge von dem imposanten Relieffries geradezu gebannt. Der im gotischen Stil umgebaute Hohe Chor stammt von 1320. Zwischen 1936 und 1945 hielt ein Mann die Kirche dauerhaft besetzt, der sich als *»Wiedergeburt«* Heinrichs I. betrachtete: der Reichsführer-SS, Heinrich Himmler.

Er errichtete hier einen »Forschungs- und Führungsdienst König-Heinrich-I.-Dom« und beauftragte die von ihm ins Leben gerufene Forschungs- und Lehrgemeinschaft »Ahnenerbe« mit Grabungen auf dem Domberg. Der unrühmliche Spuk endete 1945 mit der Befreiung Quedlinburgs durch amerikanische Truppen.

Stiftsschatz   Die *Domschatzkammer Quedlinburg* ist ein aus zwei Schatzkammern bestehendes, zur Stiftskirche St. Servatius gehörendes Gebäude. Die große historische Bedeutung rührt aus seiner Herkunft: Der Großteil des Schatzes besteht aus Schenkungen der Ottonen an das Damenstift. Aufgrund der außerordentlichen Bedeutung als Ort, an dem die Memoria für die ottonische Familie abgehalten wurden, musste das Stift auch seiner Bedeutung gemäß ausgestattet sein. Zwölf besonders wertvolle Stücke blieben von 1945 an verschollen. Zehn davon tauchten im texanischen Ort Whitewright wieder auf, als die Erben eines GI, der 1945 den Schatz bewachen sollte, die Stücke auf dem internationalen Kunstmarkt verkaufen wollten. Dazu gehörten u. a. das Samuhel-Evangeliar, das Wiperti-Evangelistar und der Heinrichsschrein. Die Rückführung fand 1993 statt.

Wipertikrypta   1959 wurde die *St.-Wiperti-Kirche* als katholische Filialkirche geweiht. Teile des Altarraums dieser Kirche wurden Mitte des 10. Jahrhunderts gefertigt. Hier wurde 1020 auch die romanische Krypta eingefügt. Die Kirche erfuhr seit dem 19. Jahrhundert eine Nutzung als Scheune, von 1936 bis 1945 diente sie gleichfalls, wie St. Servatius, als nationalsozialistische Weihestätte.

Münzenberg mit St. Marien   St. Marien befindet sich als begehbares Museum und unterhalb von 17 restaurierten Fachwerkhäusern auf dem Münzenberg, deren Erbauer nach den Zerstörungen im Bauernkrieg schlichtweg auf den Grundmauern der Kirche ihre Häuser errichtet haben. Ein nicht alltäglicher, sehenswerter Blick in Geschichte, Kultur- und Baugeschichte einer mittelalterlichen Stadt.

Brühl und Abteigarten   Bereits 1179 wurde der Brühl, ein Waldstück, als *broil* erstmals erwähnt; seit dem 17. Jahrhundert ist der Brühl planmäßig angelegt worden. Der Historische Abteigarten wurde 2006 als Demeter-Garten gestaltet. Brühl und Abteigarten, also traditioneller und moderner Park, gehören zum touristischen Netzwerk *Gartenträume – historische Parks in Sachsen-Anhalt.*

Der Münzenberg in Quedlinburg

UTA UND REGLINDIS:
DIE LÄCHELNDE UND DIE
MELANCHOLISCHE

»Gefüllt von Leben«: die Stifterinnen

Vom Naumburger Dom hat der ehemalige Bundespräsident Theodor Heuss einmal gesagt: »*Alles Erstaunen wendet sich zu (…) den zierlichen, unglaublich und mitunter fast pittoresken Kapitellen der kleinen Wandsäulen, die von einer großen Steinmetzfreudigkeit erzählen, … sie sind so sehr köstliche Einzelschöpfung und scheinen alle Befangenheit ihrer Zeit abgestreift zu haben. Keine Portraits, sondern allgemeine geschichtliche Repräsentationsfiguren, aber gefüllt von individuellem Leben.*«

Anlässlich der Vorbereitungsarbeiten zur Ausstellung über den Naumburger Meister durfte ich im Westchor einer *lächelnden Dame* begegnen: *Uta*. Es stimmt: Sie ist die Lächelnde und nicht die Melancholische. Warum, wird noch erzählt. Und so lebendig, wie sie wirkte, wäre es fast natürlich gewesen, mit ihr ein Gespräch zu beginnen.

Als Bischof Dietrich II. (um 1190–1272) den Bau des Naumburger Doms wieder aufnahm, warb er in einem Brief um Geld für den Dombau. Als Vorbild nannte er die zwölf Stifter, die seinerzeit den Dombau unterstützt hatten, zu diesem Zeitpunkt aber längst verstorben waren. Beim Bau des Domes mussten ihre Grabstätten aufgegeben werden, dafür wurde ihnen im Westchor ein beispielloses, eindrückliches Denkmal gesetzt durch die Kunst des *Naumburger Meisters*. Er verstand es, den Stifterfiguren, die er aus seiner Phantasie heraus schaffen musste, eine Natürlichkeit und Wirklichkeitsnähe zu geben, die die zwölf Skulpturen weltweit berühmt gemacht haben. Wir aber wenden uns nun den beiden wichtigsten Damen unter den Stifterfiguren zu: *Reglindis* und *Uta*.

Die eine wirkt melancholisch, vornehm, elegant und strahlt eine von innen wachsende Güte aus. Domführer erzählen, dass sie von graumelierten Herren gelegentlich zugeflüstert bekommen, dass diese da, die Uta, ihre eigentlich einzige Liebe sei. Auch Umberto Eco bekennt sich öffentlich zu seiner Liebe zu ihr – und alle, alle nennen sie seufzend »meine Uta«.

Die andere scheint viel freundlicher und herzlicher zu sein, nicht so tiefsinnig, runder im Gesicht. Das soll Reglindis sein.

Doch dann kamen Zweifel. Das, was Uta da trägt, sei doch kein Schmuckstück im Sinne eines Diadems – es ist eine echte Krone! Die Frau des Markgrafen von Meißen? Wie hätte sie zu einer Krone kommen sollen, die vormalige Gräfin von Ballenstedt?

Uta von Ballenstedt: Die Harzer Grafentochter

Sie ist nicht die, für die sie gehalten wird. Jedenfalls nicht die, für welche sie im *Naumburger Dom* gehalten wird. Demzufolge ist sie auch nicht die, mit der Umberto Eco zu Mittag speisen würde, wenn er die Wahl hätte, mit der schönsten Frau des Mittelalters speisen zu dürfen. Sie ist nicht die, welche mit Würde und Güte ihre Krone trägt. Uta von Ballenstedt ist entgegen allen anderslautenden Meldungen die Frau auf dem Titelbild dieses Buches: die fröhliche. Und das, obwohl ihre Ehe kinderlos blieb. Kaum zu glauben, oder? Die Uta – nicht die wundersam Schöne?

Utas Geschichte begann um das Jahr 1000 im Harz. Die Tochter von Graf Adalbert I. von Ballenstedt und Hidda, der Tochter Hodos I., Markgrafen der sächsischen Mark Lausitz, hatte noch zwei Geschwister. Esico ließ 1030 auf dem heutigen Schlossberg in Ballenstedt ein *Kollegiatsstift* errichten. Schwester Hazecha war Äbtissin des Stiftes Gernrode. Uta wurde schließlich mit dem einflussreichen und wohlhabenden Ekkehardiner Ekkehard II. von Meißen verheiratet. Die Ehe blieb, wie bereits gesagt, kinderlos. Das Adelsgeschlecht der Ekkehardiner war einst so mächtig, dass der Vater Ekkehards, Ekkehard I., seinen Hut in den Ring warf, als es darum ging, wer nach Otto III. Kaiser werden solle. Durch die Kinderlosigkeit von Uta und Ekkehard II. verlosch es schließlich.

Streng genommen ist kein Bild Utas überliefert. Dass sich die Menschen dennoch ein Bild von ihr machen oder eines vor Augen haben, wenn man von ihr spricht, hat sie einer wahrscheinlich irrtümlichen Beschriftung anlässlich der Restaurierung der Skulpturen aus der kunstfertigen Hand der Steinmetze des Naumburger Meisters zu verdanken.

Und so kam es, dass sich ein jeder in die hoheitliche Frau verliebte, die Uta genannt wurde, und sie bestaunte. Bis heute. Denn wer will sich schon freiwillig seine Träume zerstören lassen? Obgleich es den Skulpturen sicher gleichgültig wäre, welchen Namen sie tragen. Sie sind ohnehin »nur« Idealbilder. Andererseits: Ist Uta als lachendes Mädchen mit Thüringer Zügen etwa nicht sympathisch und lebensfroh?

Die »lächelnde« Stifterdame: Uta

In ihrem Herkunftsort Ballenstedt im Harz ist das Schloss zu besichtigen. In der Schlosskapelle befindet sich das Grab des größten Fürsten, den die Anhaltiner hervorgebracht haben: Albrechts des Bären (1105-1160). Der Schlosspark – Teile von ihm gehen auf Entwürfe von Peter J. Lenné zurück – ist immer einen Besuch wert. Die Drachenfontäne aus Zinkguss ist eine der Ideen Lennés zur Parkgestaltung. Der Ballenstedter Schlosspark gilt als einer der schönsten im touristischen Netzwerk *Gartenträume – historische Parks in Sachsen-Anhalt.*

Reglindis: Die polnische Königstochter

Reglindis stammte aus einem Königshaus, sie war die um 989 geborene Tochter des polnischen Königs Bolesław Chrobry (Bolesław der Tapfere). An der Grenze seines Reiches lag die Markgrafschaft Meißen. Markgraf Hermann von Meißen sah einen Vorteil darin, eine enge Verbindung zum polnischen Königshaus einzugehen, und heiratete Reglindis 1002 oder 1003. Trotz der Kriege Heinrichs II., des Kaisers des Heiligen Römischen Reiches, gegen Polen festigte die Ehe das Verhältnis der polnischen Piasten zu den deutschen Ekkehardinern, so dass Hermann nach mehreren vergeblichen Anläufen letztlich 1018 den Frieden von Bautzen vermitteln konnte. Das neue Bündnis wurde im gleichen Jahr noch einmal bekräftigt, indem Bolesław mit Oda, der jüngsten Tochter des Markgrafen von Meißen, Ekkehard I., und Schwester Hermanns, die Ehe schloss.

Reglindis wurde nicht alt, sie starb bereits 1016, weit vor Erreichen des 30. Lebensjahres. Doch der Naumburger Meister setzte ihr ein Denkmal für die Ewigkeit. Michael Imhof und Holger Kunde vermuten in ihrem Buch *Uta von Naumburg*, dass den Stifterfiguren im Naumburger Dom von jeher die falschen Namen zugeordnet wurden. So hätte die mit Lilien besetzte Krone »Utas« aus wertvollstem Material ohne Zweifel nur von einer besonderen Frau getragen werden können, wenn nicht sogar von einer Königin. Die Krone weckte also berechtigte Zweifel an der Identifizierung der Stifterfigur als Uta von Ballenstedt.

Die »melancholische« Naumburger Stifterfigur mit der Krone:
Reglindis

So ist nun Uta die fröhliche, Reglindis die melancholische Dame? Für Imhof und Kunde ist klar, dass ursprünglich Reglindis mit der heute als Uta bekannten Stifterfigur gemeint war. Das bedeutet auch, dass das Stifterpaar Hermann und Reglindis eigentlich Ekkehard und Uta sind – und umgekehrt.

Der Meister der Lebendigkeit

Die Stifterpaare sind also miteinander verschwägert. Der *Naumburger Meister* gestaltete sie charakterlich sehr unterschiedlich. Aber Hermann wird nun zu Ekkehard, Reglindis zu Uta, und umgekehrt. Ist es die jahrelange Sehgewohnheit, die sich dagegen sträubt? Der melancholische Ekkehard als Heerführer? Doch der in sich ruhende, tatkräftig erscheinende Hermann hatte auch jede Menge Kämpfe zu bestreiten – Männer des Schwertes waren sie beide. Man wird die Änderung wohl annehmen müssen. Schwerer fällt dies bei den Frauen. Man kann beobachten, dass insbesondere die Männer die melancholische oder zumindest vornehmen Ernst ausstrahlende Skulptur des Naumburger Meisters lieber als Uta sähen. Wobei das mit dem Ernst so eine Sache ist: Schaut man genauer auf die bisherige Uta, ist da auch ein gütiger Schalk, der Anflug eines Lächelns zu sehen. Möglicherweise ist es ja gerade das, was die Männer bis heute an ihr so verführerisch finden? Befürchten sie, wenn Uta plötzlich Reglindis ist, dass verloren geht, was man liebt?

Naumburger Stifterfiguren Hermann und Reglindis

Würde die Melancholie, die man bei Uta sieht, bei Reglindis im Wissen um ihre höhere Stellung als weltabgewandte Arroganz gedeutet werden?

Wie bereits erzählt, konnte man 2010 Uta und Reglindis auf Augenhöhe begegnen, als die Farben der Stifterfiguren in den verschiedenen Schichtungen untersucht wurden. Der Anblick von Reglindis, pardon, Uta, der Lächelnden eben, war überwältigend. Doch nicht nur ihrer. Jede Skulptur wirkt lebendig, jede ist anders, nichts wiederholt sich – keine Geste, keine Mimik. Die Lebendigkeit der Figuren entspringt ihrer absoluten Individualität.

Sie entstanden in einer Zeit, in der Aristoteles mit seiner Naturphilosophie wieder zum Zeitgeist gehörte und mit seiner *Physik* eine neue Wertschätzung der Schöpfung begann, die Künstler schließlich zu einer immer realistischeren Darstellung des Menschen trieb. Individualität war ein Gut in der Kunst geworden, die Freude am Spiel mit der Wirklichkeit. Und der Naumburger Meister war ein Meister darin. Sein Weg lässt sich von Westen nach Osten verfolgen. Aber in Naumburg, scheint es, erreichte er den Gipfel seines Schaffens.

Die arg ruinösen Domgärten feierten 2011 ihre Auferstehung. Ein besonders gelungener Teil ist der *Garten des Naumburger Meisters*, in welchem der Besucher den Realismus der blätterumrankten Kapitelle auf ihre Echtheit überprüfen kann, wachsen doch hier genau die Pflanzen, denen man an den reich geschmückten Kapitellen des Naumburger Doms begegnet. *Naumburg. Dom. Domschatz. Naumburger Meister. Westchor. Domgärten. Elisabethkapelle mit den Neo-Rauch-Fenstern.* Das sind schon sieben Gründe, den Naumburger Dom zu besuchen. Und es gibt noch mehr!

JUTTA VON SANGERHAUSEN: DAS ANDERE GESICHT DES CHRISTENTUMS

Eine Begine über eine Begine

»*Schwester Jutta von Sangerhausen sandte ich zu den Heiden als Botin mit ihrem heiligen Gebet und ihrem guten Vorbild.*« Jesus habe ihr in einer Vision gesagt: »*Ist Jutta nicht mein Bote, und habe ich sie nicht gesandt? Mit ihren Gebeten und ihrem Vorbild habe ich sie wie ein Licht hingestellt. Die Flamme muss brennen, und niemand darf sie auslöschen, wenn ich es nicht will.*«

So schreibt *Mechthild von Magdeburg* im Fünften Buch des *Fließenden Lichts der Gottheit*. Es entstand vor dem Eintritt Mechthilds ins Helftaer Kloster – und damit wahrscheinlich noch zu Lebzeiten Juttas. Mechthild erzählt darin von den fünf Boten, die Gott in die Welt geschickt hat, um die Menschen zu ermahnen. *Elisabeth von Thüringen* wird da als erste genannt, die besonders den unkeuschen, hochmütigen und eitlen Frauen auf den (Thüringer) Burgen ein Beispiel gegeben hat. Aber auch Schwester *Jutta von Sangerhausen* wird herausgehoben als eine der Frauen von Rittern, die im Glauben dem Beispiel der Elisabeth gefolgt sind – und im Unterschied zu ihr in ein fremdes Land gingen, der gerade (zwangs)getauften Bevölkerung auch das andere, das eigentliche Gesicht des Christentums zu zeigen, das im Gebet und in der Nächstenliebe zu finden ist, nicht in der Eroberung.

Die Sangerhäuser Rittersfrau

Ohne Zweifel war Jutta von Sangerhausen, wie Mechthild auch, eine Begine. Im Zuge der neuen Frömmigkeit, die im 13. Jahrhundert von den Frauen inszeniert und getragen wurde, waren eine Reihe von Beginenhöfen zwischen 1240 und 1250 entstanden, in denen Frauen miteinander fromm lebten, ohne den Schleier nehmen zu müssen, ohne also Nonnen zu sein. Weltliche Frauen, die ein frommes Leben in Armut und praktizierter Nächstenliebe führen wollten.

Vor ungefähr 750 Jahren ist Jutta gestorben, nicht in Sangerhausen, sondern im Osten, im Kulmerland. Zwei Nationen blicken heute auf die *Selige*: Die Polen verehren sie seit etwa 1256 – und keiner der unseligen deutsch-polnischen Kriege konnte dieser Verehrung der Deutschen etwas anhaben. Die Deutschen lernen gerade wieder, sie zu entdecken. In Sangerhausen, in der Kirche *St. Ulrici*, deren ältestes namentlich bekanntes Gemeindemitglied Jutta ist, gab es nicht einmal eine Skulptur der Jutta, bis 2010, als der Magdeburger Bildhauer Heinrich Apel zum 750. Todestag eine schuf: Eine junge Frau, ernst, in sich ruhend, hält sie ihre Heiligenattribute – die Sonne zur Rechten und das Kreuz auf der Herzseite – dem Betrachter hin. Sie kommt von Gott und geht mit einer großen Selbstverständlichkeit auf die Menschen zu. Apel hat ihr eine wissende Demut und einen ganz aus ihrer Menschlichkeit gewachsenen Zug der Liebe verliehen.

Die Skulptur der seligen Jutta von Sangerhausen in der Kirche St. Ulrici wurde 2010 vom Magdeburger Bildhauer Heinrich Apel geschaffen.

Was weiß man über Jutta? Geboren 1220, wurde sie wohl im Alter von 15 Jahren mit einem Sangerhäuser Adligen vermählt. Dieser machte sich in jungen Jahren, angesteckt vom Glauben seiner Frau – ob als Pilger oder als Kreuzfahrer, weiß man nicht – auf den Weg ins Morgenland. Dort angekommen, starb er. Nach nur fünf Jahren Ehe war Jutta Witwe. Sie versorgte ihre Kinder, verteilte ihre Reichtümer und begab sich in die ebenbildliche Nachfolge Christi: Gebet und die Pflege der Ärmsten, derer, die im Leben schon tot sind, der Aussätzigen. Das betrachtete sie nun als ihre Lebensaufgabe. Sie erarbeitete eine *Ordnung für Aussätzigenhäuser*. Darin heißt es unter anderem, dass die leichter Erkrankten nach ihren Kräften bei der Pflege der schwerer Erkrankten mithelfen sollten.

1256 wurde ihr Verwandter, Anno von Sangerhausen, Hochmeister des Deutschen Ordens. Der Dominikaner Heidenreich – wie ihr Beichtvater, der Franziskaner Johannes von Lobedau, ihr geistlicher Ratgeber und Vertrauter – war bereits 1245 Bischof von Kulm geworden. Das waren zwei Gründe, die Jutta nun nach Osten zogen. Eine Wegbegleitung durch den Orden lehnte sie ab und zog allein als Pilgerin los. 1256 kam sie im Kulmerland an. Sie ließ sich in Kulmsee mit dem Segen des Bischofs nieder und begann ihr Leben in der Nachfolge Christi, im Bewusstsein, dass sie das andere Gesicht des Glaubens war, nicht das der militärischen Operationen und der Unterwerfung, sondern der Liebe, der Güte und des Gebetes füreinander. Am 12. Mai 1260 starb sie. Im heutigen Bielczyny steht eine Jutta-Kapelle an dem Ort, wo sich einst ihr Lehmhäuschen befand, das sie als Aussätzigenspital ausbaute. Jutta ist in der Domkirche von Kulmsee, heute

Chełmża, begraben. 1264 starb Johannes von Lobedau, ihr Beichtvater, der heute noch als Heiliger verehrt wird.

Auf ihrer Pilgerreise nach Kulmsee soll sie mit *Mechthild von Magdeburg* zusammengetroffen sein. Beide Frauen hatten eine besondere Nähe zueinander, die für Jutta auch in ihrer neuen Heimat nicht abriss. Sie wurde eine Selige für zwei Völker. Das Volk, aus dem sie kam, hatte sie jedoch nahezu vergessen.

Ort der Jutta-Erinnerung: Die Sangerhäuser Kirche St. Ulrici

Seit 2007 *Sangerhausen* dank Jutta zu den *Frauenorten* in Sachsen-Anhalt gerechnet wurde, begann man sich auch in der Rosenstadt wieder über die katholische Gemeinde hinaus für Jutta zu interessieren. *St. Ulrici*, erbaut zwischen 1116 und 1123, ist die Kirche, in der Jutta die Begegnung mit Gott im Gebet suchte. Die heutige evangelische Pfarrkirche, Station auf der *Straße der Romanik*, geht zurück auf eine Zeit, in der in Sangerhausen noch die thüringischen Ludowinger das Sagen hatten. Deren Sitz in Sangerhausen war die alte *Grafenburg*, die sich im Bereich des um 1260 erbauten Alten Schlosses am Alten Markt befand. Die Ulrichskirche ist der Legende nach eine Stiftung Ludwig des Springers, der für die Befreiung aus der Gefangenschaft Gott gelobt hatte, in Sangerhausen eine dem heiligen Ulrich geweihte Kirche zu stiften. Ungesichert ist, ob sich das Patrozinium auf den 993 heiliggesprochenen Augsburger Bischofs Ulrich oder aber auf den 1109 heiliggesprochenen Ulrich von Zell bezieht.

Die Kirche ist eine dreischiffige, kreuzförmige, gewölbte Pfeilerbasilika. Ihr Baustil verweist sowohl auf die Besonderheiten der Hirsauer Klosterbauschule als auch auf Einflüsse aus Cluny. Der bronzene Taufkessel ist das älteste Ausstattungsstück der Kirche. Er wurde 1369 in Nürnberg gefertigt. Der Tympanon, der die Gründungslegende erzählt, wurde bei Renovierungsarbeiten, die 1892 bis 1894 stattfanden, entdeckt und fand seinen Platz über der Sakristeitür. Er stammt aus der Erbauungszeit der Kirche. Die Kapelle des ehemaligen Augustinerklosters ist der Herkunftsort des spätgotischen Triumphkruzifixes. Die Kirchgemeinde verweist gern darauf, dass es sich aufgrund der baugeschichtlichen Wurzeln um ein europäisches Bauwerk handelt: Als eigentliches architektonisches Vorbild wird die Klosterkirche Marcigny-sur-Loire in Burgund genannt.

Jutta auf der *Straße der spätgotischen Flügelaltäre*

Als einmal Mitglieder der Kirchgemeinde Dalchau aus dem Vorfläming von einem Besuch in Sangerhausen zurückkam, brachten sie nicht nur viele tiefe Eindrücke von der Reise mit, sondern auch eine Aufgabe: Im *Sangerhäuser Rosarium* hatten sie drei Rosen einer Neuzüchtung bestellt, die auf den Namen *Jutta von Sangerhausen* getauft worden war. Nach der Reise traf sich die Kirchgemeinde zum gemeinsamen Pflanzen vor der romanischen Kirche. Dort stehen die Rosen noch heute, blühen Jahr um Jahr und geben Zeugnis von der gemeinsamen Fahrt und dem Anlass, der zur Fahrt geführt hatte: Kontakt aufzunehmen zu dem Ort, aus dem die selige Jutta stammte, die als geschnitzte Skulptur zwischen 1480 und 1490 ihren Weg in einen Flügel des spätgotischen *Flügelaltars der St.-Anna-Kirche zu Dalchau* gefunden hat. Hier steht sie und gibt Rätsel auf. Aus welchem Grund wurde sie gleichrangig unter die je vier Heiligen in zwei Reihen gestellt? Und wo findet man diese *Straße der spätgotischen Flügelaltäre*? Letztere Frage ist schnell beantwortet: In kleinen Dorfkirchen zwischen Elbe und Fläming, die während der Barockzeit so bitterarm waren, dass sie nicht dem Zeitgeist entsprechend umgebaut werden konnten, haben diese Zeugnisse hoher Meisterschaft aus den Jahren zwischen 1470 und 1520 überlebt.

Sie stammen aus einer Zeit, in der sich die Baumeister der Einheit von Architektur, Plastik und Malerei verschrieben hatten: der Spätgotik, der Blütezeit der Flügelaltäre. 16 Kirchen befinden sich – zwischen Magdeburg und Coswig – auf der *Straße der spätgotischen Flügelaltäre*. Die ebene Landschaft bietet eine wunderbare Möglichkeit für Fahrradfahrer, sowohl die Kirchen als auch Land und Leute zu erkunden.

VIER MYSTIKERINNEN,
DREI ÄBTISSINNEN UND DAS
WUNDER VON HELFTA

Ein modernes Wunder von Helfta

Die erhaltene Ostfassade des Chores der ehemaligen *Kloster-kirche St. Marien* in *Helfta* ist von drei hohen romanischen Fenstern unterbrochen. Als sich seinerzeit die Klosterfrauen morgens zur Andacht in der Kirche versammelten, strahlte das Morgenlicht durch die Fenster und füllte den Kirchenraum. Durch dieses leuchtende Morgenlicht, das durch die Fenster hineinflutete, erschienen den Klosterfrauen die drei Fenster als ein Sinnbild der Dreifaltigkeit. Später, als die Kirche verfiel, wurden die Fenster zugemauert. Doch im linken der drei Kirchenfenster, so erzählte man sich in Helfta, wollten die Steine nicht halten und brachen regelmäßig heraus. Durch das wieder und wieder entstehende Loch fiel das Morgenlicht in den zur Ruine gewordenen Raum. Die Helftaer erzählten unter sich, dass in der Zeit, als die heilige Gertrud ihre Visionen aufschrieb, durch dieses Fenster Christus in die Klosterkirche eingetreten sei, um sich ihr zu zeigen und mit ihr zu sprechen.

Zudem hielt sich in Helfta über Jahrhunderte der Glaube, dass die Geschichte des Klosters noch nicht zu Ende sei: »*Das überfließende Licht der Gottheit*« werde eines Tages hier die Herzen der Menschen wieder erreichen, erzählt Bernhard Bothe, Mitglied der katholischen Ordensgemeinschaft

Congregatio Sacerdotum a sacro Corde Jesu, zum **Wunder von Helfta**.

Was die Helftaer immer wieder berührte, war der Umstand, dass auch zu DDR–Zeiten Nonnen und Pilger – vor allem von der iberischen Halbinsel und aus Südamerika, wo die Erinnerung an die drei großen **Helftaer Mystikerinnen** ungleich lebendiger ist als im europäischen Raum – am heiligen Ort beteten, trotz der Gefahr einer Verhaftung und Abschiebung, da das Betreten des Geländes des *Volkseigenen Gutes* verboten war.

Was aber war nun das *eigentliche Wunder von Helfta*? Wer das Gelände des Volksgutes in den 1980er Jahren einmal in Augenschein nehmen konnte, hätte es damals wohl kaum für möglich gehalten, dass 1999 nach etwa vierhundertfünfzigjähriger Abwesenheit und einer sehr sensiblen und behutsamen Restaurierung die Geschichte des Klosters eine Fortsetzung finden könnte.

Mit den Spenden ungezählter Menschen im In- und Ausland für die Wiedererrichtung des Klosters, für die sich der Förderverein stark gemacht hatte, nahm das Wunder seinen Anfang. Und so entstand mitten im säkularen Mansfelder Land, unweit der UNESCO-Welterbestätten »Lutherstätten« der Lutherstadt Eisleben, was nur wenige Menschen in unserer Zeit so für möglich gehalten hätten: ein zeitgemäßes, auf der Tradition beruhendes, erfrischend reges Klosterleben, dessen Tätigkeit bereits heute wieder weit ins Land hinausstrahlt.

Das Kloster St. Marien zu Helfta:
Eine Geschichte vieler starker Frauen

2011. Auf dem Klostergelände treffen sich ein katholischer Bischof und eine evangelische Bischöfin. Sie haben etwas vor: Sie pflanzen gemeinsam einen Lutherbaum, der nun, der Ökumene gleich, wachsen soll. Ein Baum wurde gepflanzt, der Früchte tragen soll, ein Apfelbaum. Auch wenn der Spruch, dass er, wenn die Welt untergehe, noch einen Apfelbaum pflanze, nicht von Luther stammt, bleibt er doch ein schönes Sprachbild des Vertrauens. So wächst er seitdem an einem historischen Ort, wo ein Frauenkloster im Mittelalter zu einer frühen geistlichen Blüte geführt wurde – zu einer Zeit, als die drei großen Mystikerinnen *Mechthild von Magdeburg*, *Mechthild von Hackeborn* und *Gertrud die Große* im *Kloster St. Marien* aufeinandertrafen und sich in ihren Werken beeinflussten. Eine Konstellation, die nur möglich war, weil eine außergewöhnliche Frau, Gertrud von Hackeborn, die ältere Schwester Mechthilds, als Äbtissin das Kloster leitete und die Wissenschaften und das spirituelle Leben zusammenführte. Sie sorgte dafür, dass das Kloster, dem sie vorstand, ein Ort der Freiheit des Denkens im Glauben wurde. Bald galt das Zisterzienserinnenkloster als die *Krone der deutschen Frauenklöster*.

Skulptur der »Drei Frauen von Helfta« vom
Magdeburger Bildhauer Martin Hoffmann

Die Äbtissinnen von Helfta

Am Anfang stand ein Traum: Die Ehe des Mansfelder Grafen Burchard mit Elisabeth von Schwarzburg war glücklich, aber kinderlos. Etliche Jahre später – wir schreiben das Jahr 1215 – begegnete Burchard der HERR in einem Traum. ER ermahnte ihn, mit seinem Reichtum etwas für die Seele zu tun. Ein Nonnenkloster solle er stiften. Der fromme Graf schritt, gemeinsam mit seiner Gattin, »*äußerst besorgt um sein Seelenheil*«, unverzüglich zur Umsetzung des göttlichen Rats. Am Donnerstag der Osterwoche 1229 begann auf Geheiß Burchards von Mansfeld der Bau des *Frauenklosters* zur Ehre der jungfräulichen Gottesmutter Maria nahe der Burg Mansfeld. »*Er nahm an Sohnesstatt dieses Kloster an, da ihm kein ehelicher Sohn geschenkt ward*«, berichtet der Chronist.

Als erste Äbtissin zog am 29. Juni 1229 *Kunigunde von Halberstadt* (gest. 1251) aus dem Halberstädter Kloster St. Jakobus und St. Burchard in das neue Kloster ein, zusammen mit sieben Zisterzienserinnen. Ein halbes Jahr später schloss der fromme Graf von Mansfeld die Augen. Die Witwe Burchards, Elisabeth, veranlasste 1234 die Verlegung des Klosters ins heute wüste Rossdorf bei Eisleben, um den Klosterfrauen ein Leben ohne Störungen zu ermöglichen. Sie schloss sich den Klosterfrauen an und lebte fortan im Kloster, bis sie 1240 starb.

1251 wurde *Gertrud von Hackeborn* einstimmig vom Konvent zur Nachfolgerin der verstorbenen ersten Äbtissin Kunigunde von Halberstadt bestimmt. Da war Gertrud neunzehn Jahre jung. Ihr gelang es, ein Dauerproblem des Klosters zu lösen: die Wasserversorgung. Und sie konnte die eng miteinander verwandten Familien von Mansfeld, von Hackeborn und von Querfurt, allesamt Hauptförderer des Klosters, dazu bewegen, durch einen Tauschvertrag die Verlegung des Klosters auf Hackebornsches Gebiet, nach Helfta zu ermöglichen, übrigens unter ausdrücklichem Verzicht auf das Herrschafts- und Vogteirecht. Die Familie von Hackeborn überließ ihr im seenreichen Helftaer Gebiet ein ehemals bäuerliches Gut als Klosterland. Im Jahr 1258 wurde der neue Standort in *Helfta* bezogen und das Kloster geweiht. Noch vor seiner Fertigstellung wurde das Tochterkloster Hedersleben 1253 gestiftet, das schließlich 1262, nach Fertigstellung, von Helfta aus besiedelt wurde. Das Kloster St. Marien unter der Leitung der Äbtissin Gertrud von Hackeborn hatte auch aufgrund seiner hervorragend beleumdeten Bildungsarbeit einen tadellosen Ruf. Im 14. Jahrhundert lebten etwa 200 Nonnen im Helftaer Kloster – eine Erfolgsgeschichte des Mittelalters.

Als 1342 Herzog Albrecht von Braunschweig die päpstliche Anerkennung als Bischof von Halberstadt verweigert wurde, ließ er das Helftaer Kloster stürmen. Eigenhändig soll er Feuer an die Anlage gelegt haben, während seine Soldateska im Kloster wütete und kurz und klein schlug, was ihr in die Hände fiel – und auch einen Teil der kostbaren Klosterbibliothek mit unwiederbringlichen Handschriften vernichtete. Die Nonnen siedelten sich in *Eisleben* an, wo sie von Burchard IX. von Mansfeld Bauland nahe der Eisleber Burg erhielten. *Neu-Helfta* wurde 1347 geweiht. Nach Wiederherstellung der Wirtschaftsgebäude betrieben sie das alte Kloster als Klostergut weiter.

Während des Bauernkrieges stürmten am 3. Mai 1525 aufständische Bauern das Kloster und plünderten es. Mit Beginn der Reformation schwand die Bedeutung des Helftaer Klosters, bis es nach dem Tod der letzten Äbtissin, **_Walburga Reubers_**, 1545/1546 säkularisiert wurde. 1566 verkaufte der klamme Graf Hans Georg von Mansfeld-Eisleben das Klostergelände mit den Gebäuden an den westfälischen Adligen Franz von Kerssenbrock. 1721 löste der sparsame »Soldatenkönig« Friedrich Wilhelm I. das Gut ab und machte es zur königlichen Domäne. Zu Zeiten der DDR wurde es »Volkseigentum« und als Volksgut bewirtschaftet, leider sehr zum Schaden der Gesamtanlage. Reste der einst berühmten Klosterbibliothek gelangten in die Turmbibliothek der St.-Andreas-Kirche in Eisleben.

Wem war das Kloster zugehörig? Im Kloster lebten Zisterzienserinnen. Es wurden die zisterziensischen Regeln befolgt. Aber das Kloster war nicht dem Zisterzienser-Orden angegliedert. 1228 hatte das Generalkapitel der Zisterzienser ein Gründungsverbot erlassen. Das Problem: Mit der stürmischen Entwicklung der Städte im 12. Jahrhundert, verbunden mit einer ebensolchen Bevölkerungszunahme, ging eine ebenso stürmische und ungeordnet verlaufende Klostergründung einher. Insbesondere die Frauenklöster erhielten gewaltigen Zulauf, boten sie doch Frauen die Möglichkeit, zu hoher Bildung zu gelangen, zugleich aber auch wirtschaftlich und leiblich größtmögliche Sicherheit zu gewinnen. Diesem Ansturm fühlte man sich seitens des Generalkapitels nicht gewachsen und erließ darum das vorläufige Gründungsverbot. Für Helfta und andere Klöster bedeutete das, dass die

Das Kloster Helfta von der Teichseite

Schwestern Seelsorger aus anderen Orden suchen mussten, beispielsweise bei den Dominikanern. Was für manche Klöster eine Misere zu sein schien, konnte unter der Leitung einer tüchtigen Äbtissin wie Gertrud ein Segen sein, führte das doch zu einem Netzwerk, das anderenfalls kaum entstanden wäre. So wuchs heran, was später die *Helftaer Theologinnenschule* genannt wurde.

Am Anfang des Klosters stand ein Traum des Grafen von Mansfeld. Am Anfang des neuen Klosters standen die Träume vieler, die an dem Ort, wo einst die *heiligen Frauen* lebten, wieder einen lebendigen Ort geistlichen Lebens und einen Pilgerort schaffen wollten.

Das Gesicht des neuen Klosters

»Herr / Wie sehnlich wünscht' ich mir Worte / Aus rosen-farbenem Abendlicht, / aus mildem Perlenschimmer / und dem Leuchten des Kristalls, / aus sanftem Mondschein / und goldenem Sonnengespinst, / aus Blütenduft / und Windhauch / um zu sagen, / wie schön Du bist, / wie schön Deine Liebe ist, / die Du uns schenkst. / Dann überquillt mir das Herz, / von der Liebesfreude, / dem Staunen, / mit dem du es erfüllst! ...«
Maria Assumpta Schenkl

1999 wurde Mutter Maria Assumpta Schenkl erste Priorin des neuen Klosters in Helfta. *»Nicht ohne Zittern und Zagen«*, sagte sie mir einmal. *»Ich hatte vordem meine Heimat, also Bayern, nie verlassen. Und von Mitteldeutschland hörte man im Bezug auf den Glauben wenig Erfreuliches. Aber dann kam ich hierher – was für mich, die ich mit Taufnamen Gertrud, nach der großen Gertrud von Helfta, heiße, sehr viel bedeutete – und ich fand in Helfta eine so freundliche Aufnahme unter den Menschen hier, wie ich sie mir nicht zu denken getraut hatte.«*

Und auch Mutter Assumpta war, und das verbindet sie wieder auf eigentümliche Weise mit den *heiligen Frauen* der Geschichte des Klosters, eine mystische Dichterin. Ihre Werke erschienen in Deutsch und in Spanisch.

Mutter Assumpta, am 11. August 1924 in Waldkirchen bei Passau geboren, wurde zunächst Volksschullehrerin, trat dann aber 1954 in die Zisterzienserinnenabtei Seligenthal ein und

Äbtissin Maria Assumpta Schenkl

wurde schließlich 1987 zur 42. Äbtissin von Seligenthal gewählt. Als engagierte Ordensfrau wurde sie Präsidentin der deutschsprachigen Zisterzienserinnenklöster und erreichte schließlich die Gleichstellung der Äbtissinnen mit den Äbten im Orden der Zisterzienser.

Die Idee, das *Helftaer Kloster* wieder aufzubauen und mit Leben zu erfüllen, faszinierte sie schon früh. Ab 1995 wirkte sie bereits bei den Planungsarbeiten mit. Seit 1999, nach ihrer Resignation als Äbtissin von Seligenthal, ging sie mit sieben Schwestern aus Seligenthal und aus anderen Gemeinschaften nach Helfta, um hier, nach mehr als vierhundert Jahren, wieder ein Kloster zu schaffen, das an die Tradition der »*Krone der deutschen Frauenklöster*« anknüpfen kann.

»*Ich bin in der Helftaer Kirche einmal von einem etwa fünfzigjährigen Mann gefragt worden, ob ich ihm erklären könne, was es denn mit diesem Mann am Kreuz auf sich habe. Er kannte weder den Namen noch die Geschichte. Ich habe es nicht für möglich gehalten, dass mir eine solche Frage in Mitteleuropa jemals gestellt werden könnte*«, erzählte sie einmal. Und in eine solche geistliche Einöde sollte sie, die resignierte Äbtissin von Seligenthal, gehen, das Evangelium zu verkünden? Wer dieser strahlenden, auf

Menschen neugierigen und klugen Frau begegnete, zweifelte nicht daran, dass sie sich dieser Aufgabe stellte, gemeinsam mit ihren Mitschwestern. Und zwar mit der ihr eigenen zupackenden Freude und Bestimmtheit, mit Nachdenken und Zuhören, und im Ringen um das eigene Formulieren.

Im Alter von 84 Jahren starb sie, die nicht zuletzt auch als Dichterin die Tradition der drei Mystikerinnen in Helfta fortgesetzt hatte, nach schwerer Krankheit am 24. April 2009. »*Sie hat ein Lebenswerk hinterlassen, das weit in die Zukunft reicht*«, sagte Eduard Jantos, einer der Mitbegründer des Kuratoriums Kloster Helfta.

Am 18. November 2010 wurde die Alt-Äbtissin Mutter M. Agnes Fabianek zur Priorin gewählt und folgte damit ihrer Freundin im Amt. Die beiden Klosterfrauen kannten sich aus ihrer Zeit als Äbtissinnen. Mutter Agnes stand 37 Jahre ihrem Heimatkloster, der Zisterzienser-Abtei Mariastern-Gwiggen am Bodensee vor. In wunderbarer Weise setzt sie das Werk Mutter Assumptas fort und führt hier, mitten im säkularen Raum, ein Kloster, in dem über die Offenheit und Fröhlichkeit des Glaubens der rastlose Mensch zu einer inneren Mitte geführt werden kann, so er die Bereitschaft dazu hat. Mutter Agnes bringt das auf den Punkt, wenn sie von »*uns als Klosterfrauen in Helfta*« spricht. Zwar steht im Duden, dass *Klosterfrau* ein veralteter Begriff für *Nonne* sei. Genau das aber ist anzuzweifeln, weil der Begriff *Klosterfrau* zwei Dinge klarstellt: Herkunft und Auftrag. Die *Klosterfrau* bringt ihre spirituelle Erfahrung als einen Schatz in die Begegnung mit den Menschen ein. Was für ein Geschenk, dass dieser wunderbare Ort wieder erlebbar ist.

Heute kann der Besucher des Klosters St. Marien entweder einfach mal hereinschauen oder sich an Ausstellungen, Konzerten oder Messen erfreuen, dem Klosterladen einen Besuch abstatten, vielleicht auch im Hotel an der Klosterpforte übernachten oder im Restaurant des Hotels speisen, das über eine sehr gute, regionale Küche verfügt.

Gefragt sind aber vor allem die angebotenen geistlichen Übungen, die Seminare zu den Mystikerinnen und die Einkehrtage. Für Menschen, die sich für einen Augenblick aus dem täglichen Trubel nehmen wollen, steht eine Ferienwohnung bereit. Viele Ziele auf der *Straße der Romanik* erreicht man von Helfta aus sehr bequem. Nicht zuletzt lädt auch die Klosteranlage selbst zu Beschaulichkeit und Erholung ein.

Zeit für Mystik

Zu jeder Bewegung gehört eine Gegenbewegung. In Zeiten der Angst sucht man Mut. In Zeiten, in denen man nicht weiß, was die Zukunft bringt, blickt man in die Vergangenheit, um zu sehen, mit welchen Strategien man seinerzeit die Herausforderung bestanden hat.

Schauen wir zurück ins 13. Jahrhundert. Es war das Jahrhundert der Kreuzzüge. Zu Beginn des Jahrhunderts erstürmten die Kreuzfahrer Konstantinopel statt Jerusalem, der Kinderkreuzzug fand 1212 statt, es folgte der Kreuzzug gegen die Albigenser – all das forderte über Jahrzehnte einen hohen Tribut an Menschenleben.

Das *Interregnum* begann 1254 mit dem Tod des Staufers Konrad IV., erreichte seinen Höhepunkt mit der Hinrichtung des letzten legitimen Stauferbens Konradin in Neapel 1268 und endete erst 1273 mit der Wahl Rudolfs I. von Habsburg zum Kaiser, der schließlich den Landfrieden wieder durchsetzte. Wir sehen eine erhitzte, fiebernde Zeit vor uns, in der die Menschen nicht wussten, was der nächste Tag bringen konnte. In dieser Zeit sprachen die Mystikerinnen und Mystiker von ihren persönlichen Glaubenserfahrungen, erzählten vom Gott der Liebe, dem sie in ihren Visionen begegneten, erzählten davon, in welchen Antworten sie ihre Hoffnung gefunden hatten: eine tragfähige Säule für ein Leben in bewegter Zeit. Möglicherweise finden wir auch heute den Grund für das anhaltende Interesse an der Botschaft der Mystikerinnen in der Orientierungslosigkeit, die der Einzelne in unserer Zeit erfährt.

Die Wegbereiterin: Gertrud von Hackeborn

»Wenn das Studium der Wissenschaft verloren gegangen ist, so wird zugleich auch die Ausübung der Religion aufhören, da die Schwestern dann die heilige Schrift nicht mehr begreifen.«
Gertrud von Hackeborn

Gertrud von Hackeborn galt als eine kluge, gelehrte Frau, die frühzeitig erkannte und danach handelte, dass neben der geistlichen Bedeutung und der wirtschaftlichen Unabhängigkeit des Helftaer Klosters auch die wissenschaftliche Bildung der Schwestern dazu beitrug, den Ruf des Klosters im Reich einzigartig zu machen und zu sichern. Für dieses ehrgeizige

Ziel ließ die tatkräftige Frau, die aus dem Geschlecht der nordthüringischen Edlen von Hackeborn stammte, die Bibliothek, das Skriptorium sowie die Klosterschule ausbauen, nachdem im Jahre 1258 unter ihrer Leitung das Kloster von seinem zweiten Standort Rodarsdorf (Rossdorf) nach Helpede (Helfta), also in den Einflussbereich der eigenen Familie, verlegt worden war.

Die 1232 in der Nähe des damals nordthüringischen Halberstadt geborene Gertrud war die Schwester der Mystikerin *Mechthild von Hackeborn*. Mit neunzehn Jahren wurde sie, deren Familie mit Kaiser Friedrich II. verschwägert war, 1251 Äbtissin des Zisterzienserklosters.

Gertrud beherrschte die lateinische Sprache und konnte biblische Texte ins Deutsche übertragen. Für das klösterliche Leben verwies sie auf die Bedeutung der Abendmahllehre und bot Helftas Klosterfrauen zusätzlich zur Kenntnis der Heiligen Schrift und der Liturgie auch das Studium der Schriften der Kirchenväter, sorgte für die Kenntnis der Regeln und Spiritualität der Zisterzienser. Das Helftaer Kloster erlebte in ihrer Amtszeit nicht nur die steigende äußere Bedeutung, vielmehr fanden die ihm angehörenden Klosterfrauen auch zu einer weithin beachteten inneren Spiritualität. Leider sind von ihr keine Schriften erhalten geblieben, die seinerzeit richtungsweisend für die Entwicklung des Klosters gewesen sein müssen.

Gertrud von Hackeborn stand dem Helftaer Kloster vierzig Jahre vor. Sie starb, nach der *Biographia Cisterciensis*, am 13. April 1291. In ihre Amtszeit fällt das von ihr geförderte Wirken der drei großen Mystikerinnen des 13. Jahrhunderts, die schließlich dem Kloster den Ruf verliehen, die »*Krone*

der deutschen Frauenklöster« zu sein. Auf ihr Wirken – und durch die Unterstützung ihrer Brüder Albert und Ludwig ermöglicht – geht auch die Gründung des Klosters Hedersleben zurück. Zwölf Nonnen aus Helfta siedelten auf Gertruds Geheiß hin ins Tochterkloster um.

<h2 style="text-align:center">Die Gefährtin:
Mechthild von Magdeburg</h2>

1270, ein ereignisreiches Jahr. Im Sommer starb der französische König Ludwig IX. während des siebenten Kreuzzuges bei der Belagerung von Tunis. Der Franziskaner Roger Bacon gab die Lage des Brennpunktes bei Hohlspiegeln an. In Italien wurden erstmals geschliffene Bergkristalle als Sehhilfen verwendet, und man begann in Europa, ebenfalls in Italien, mit der Papierproduktion.

Es ist das Jahr, in dem die Magdeburger Begine Mechthild auf den Rat ihres Beichtvaters, des Dominikaners Heinrich von Halle, in Helfta das dortige Zisterzienserinnenkloster aufsuchte, um vor den Verfolgungen durch den Magdeburger Klerus sicher zu sein, den sie mit ihrer Kritik an dessen Haltung und Lebenswandel gegen sich aufgebracht hatte. Hier in Helfta wehte noch ein Geist der Freiheit und des Wissens. Hier gehörten zur von der Äbtissin erwünschten und geförderten Lektüre die Texte der Kirchenväter Augustinus, Hieronymus, Gregor, Beda Venerabilis und Bernhard von Clairvaux. Mit anderen Worten: Die Äbtissin des Klosters Helfta sorgte dafür, dass die Klosterfrauen theologisch auf der Höhe der Zeit lehrten und agierten.

Bis zu ihrem Eintreffen in Helfta hatte Mechthild von Magdeburg bereits sechs ihrer sieben Bücher geschrieben und in Umlauf gebracht. In Helfta folgte Buch VII, an welchem sie bis zu ihrem Tod arbeitete und dessen letztes Kapitel die inzwischen erblindete Verfasserin einer Schwester diktierte.

»Gott spricht zu Mechthild:
Deine Kindheit war eine Gefährtin meines Heiligen Geistes,
deine Jugend war eine Braut meiner Menschheit,
dein Alter ist jetzt eine Ehefrau meiner Gottheit.«

Mechthild von Magdeburg

Zwölf Jahre lebte sie in Helfta, ehe sie hochbetagt 1282 starb. Sie prägte ihre jüngeren Mitschwestern entscheidend. **Mechthild von Hackeborn** beschreibt in ihrem Buch das Wirken ihrer »*Lehrerin*« als das eines Adlers, der direkt auf das Antlitz des Herrn fliegt. **Gertrud von Helfta** bat Gott, dass Mechthild nach ihrem Tode Wunder wirken möge, ein Unterpfand zur Heiligsprechung.

103

Der Dominikaner Dietrich von Apolda (1228- nach 1297), er begegnet uns noch bei **Elisabeth von Thüringen**, hatte 1286 bis 1291 im Auftrag seines Ordens eine Vita des Ordensgründers zu verfassen. Dieses umfangreiche Werk fand nicht nur im Dominikanerorden eine weite Verbreitung. Er fügte in diese Vita weite Teile jenes VII. Buches des *Fließenden Lichts* mit ein. Leider ging das mittelniederdeutsche Original des Buchs verloren. Um 1344 entstand in Basel eine Übersetzung im alemannischen Dialekt, die in den oberdeutschen Klöstern rege hin- und hergereicht wurde. Eine Handschrift, eine Abschrift jener oberdeutschen Übersetzung aus dem 14. Jahrhundert, befindet sich heute in der Stiftsbibliothek Einsiedeln. Mechthilds Werk wurde auch früh ins Lateinische übersetzt. Eine solche Fassung ist erhalten. Sie enthält die ersten sechs Bücher des *Fließenden Lichts der Gottheit*, allerdings in einer anderen Textanordnung.

Das Werk Mechthilds steht in der Nachfolge **Hildegards von Bingen** und besticht durch seine hohe poetische Bildkraft. Es stellt zugleich die ersten literarischen Aufzeichnungen einer mystischen Autorin in deutscher Sprache dar.

»Die Anstifter des Krieges
Sind hässlicher in sich selbst
Und schrecklicher in ihren Werken.«
Mechthild von Magdeburg

Gottes Nachtigall:
Mechthild von Hackeborn

»Lobe zuerst die Allmacht des Vaters, durch die er im Sohn und im Heiligen Geiste seinem Wollen gemäß wirkt, und deren Unermeßlichkeit kein Geschöpf im Himmel und auf Erden begreift. Lobe dann des Sohnes unerforschliche Weisheit, die er vollkommen mit dem Vater und dem Heiligen Geiste teilt, gemäß seinem Willen, die keinem Hindernis begegnet und die keine Kreatur zu ergründen vermag. Lobe endlich des Heiligen Geistes Güte, die er überschwenglich mit dem Vater und dem Sohne teilt, gemäß all seinem Wollen, und an der gleichfalls keine Kreatur je erschöpfend teilnehmen kann ...«
Mechthild von Hackeborn

Im Alter von sieben Jahren besuchte Mechthild, in Begleitung ihrer Mutter, Äbtissin des Zisterzienserinnenklosters in Rossdorf, ihre *Schwester Gertrud*. Der Besuch beeindruckte die kleine Mechthild so sehr, dass sie vehement darauf bestand, im Kloster bleiben zu dürfen. Es verwundert nicht, dass die junge Mechthild aufsog, was sie von ihrer älteren gelehrten Schwester geboten bekam. Ihre ganze Umgebung war ein Hort der Spiritualität und eines hohen Kultur- und Wissenschaftsverständnisses, wie es einen solchen in diesem unfriedlichen 13. Jahrhundert kaum ein zweites Mal gab.

Mechthild von Hackeborn wurde 1241 oder 1242 auf *Burg Helfta* als dritte Tochter der Familie geboren. Nach ihrer Zeit als Klosterschülerin konnte sie bereits 1258 den Schleier nehmen und wurde Nonne. Wissen, Intelligenz, Kenntnis von Sprache und Literatur, eine liebliche Stimme werden ihr nachgesagt. In sehr jungen Jahren durfte sie die Leitung der Klosterschule übernehmen, wurde Chorleiterin und Novizenmeisterin des *Helftaer Klosters*.

Und so sprechen ihre Zeitgenossen über das Werk Mechthilds, »*der Nachtigall Gottes*«: »*Sie teilte die Lehre in solcher Fülle aus, wie man es im Kloster noch nie gesehen hatte und wohl leider – so befürchten wir – auch nie mehr sehen wird. Die Schwestern scharten sich um sie, um das Wort Gottes zu hören, wie um einen Prediger. Sie war für alle Zuflucht und Trost und besaß durch Gottes Gnade die außerordentliche Gabe, die Geheimnisse eines jeden Herzens offen darzulegen. Viele Personen – nicht nur im Kloster, sondern auch fremde Ordensleute und Laien, die von weither gekommen waren – bezeugten, dass diese heilige Jungfrau sie von ihren Nöten befreit hatte und sie niemals*

so viel Trost empfunden hatten wie bei ihr. Außerdem verfasste und lehrte sie viele Gebete. Wollte man sie alle zusammenfassen, so wären sie umfangreicher als das Buch der Psalmen.«

1261 kam eine fünfjährige Gertrud ins Kloster, deren Herkunft unbekannt war. Man vertraute sie Mechthild an, die ihre Gaben erkannte, das Mädchen bildete und erzog: Mechthilds Schülerin wurde später *Gertrud die Große* genannt.

Mechthild von Hackeborn wurde von vielen Leiden heimgesucht und konnte trotz allem ihren Mitschwestern ein Beispiel dafür geben, welche Kraft aus der Liturgie des gottesdienstlichen Lebens zu schöpfen ist. Ihre Mitschwestern beschrieben, dass sie im Gottesdienst, im Chorgesang so in Verzückung geraten konnte, dass sie nicht merkte, wenn man sie rief oder anfasste, und sie nur schwer wieder ein *»Bewusstsein für die Außenwelt«* erlangte.

Sie starb am 19. November 1299 im Alter von 58 Jahren nach achtjähriger Krankheit. Als sie merkte, dass ihre Mitschwestern, allen voran ihre Vertraute *Gertrud die Große*, ihr nicht nur zuhörten, sondern auch aufschrieben, was sie äußerte, war sie, so heißt es, zunächst aufgebracht. Ihr Zorn legte sich erst, als sie in einer Vision die Sanktionierung der Mitschrift durch Christus erlebte.

»Da sagte der allmächtige Gott, der einzige Trost der Seele, die ihn liebt, zu ihr: ›Venite vos, benedicti Patris mei ... Kommt her, die ihr von meinem Vater gesegnet seid, nehmt das Reich in Besitz‹ und nahm sie auf in seine Herrlichkeit.«

Mechthild von Hackeborn

Mechthilds Werk *Liber specialis gratiae* wurde im Wesentlichen von Gertrud von Helfta ediert und überarbeitet. Einzig das zweite Buch geht auf Mechthild selbst zurück. In ihm berichtet sie von ihren mystischen Erfahrungen seit ihrer Wandlung zur Mystikerin, immer wieder unterbrochen von Hymnen zum Lobpreis Gottes. Inhaltlich treibt das Buch auf die Begegnung mit dem Erlöser zu, mit dem Tausch der Herzen als der vollkommenen Vereinigung, wenn die erlöste Seele sich mit dem himmlischen Bräutigam verbindet. In ihrer Brautmystik ließ sie Anklänge zum *Hohen Lied der Liebe* zu, um den Vorgang sprachlich fassen zu können. Durch ihren zunehmenden körperlichen Verfall – sie hatte sich sehr spät entschlossen, ihr Werk überhaupt aufzuschreiben – übernahmen unter Gertruds Leitung Mitschwestern die Niederschrift dessen, was die großartige Lehrerin und Mystikerin von ihren Visionen zu berichten hatte. Erst kurz vor ihrem Tod autorisierte Mechthild diese Fassungen. Ihr Werk wurde ins Schwedische, ins Englische und ins Holländische übersetzt.

Mechthild von Hackeborn wurde bereits früh als Heilige verehrt. Ihr Sterbetag, der 19. November, ist ihr Gedenktag.

Die Tröstende:
Gertrud von Helfta, die Große

» Vor Dir, Herr, steht die leere Schale meiner Sehnsucht. «
  Gertrud von Helfta

Gertrud von Helfta, geboren 1256, gilt als die *Patronin Westindiens*. Die Legende der Heiligen, Gertrud die Große genannt, erzählt von einer Vision, die sie hatte: Sie sah die sterbende Jungfrau Maria in einem Garten, umgeben von allen Arten wohlriechender Blumen. Diese Vision geht zurück auf alte Mariensinnbilder, die schon in der Frühzeit des Christentums aus den biblischen Büchern, beispielsweise aus dem alttestamentlichen *Hohen Lied der Liebe*, abgeleitet und auf Maria umgedeutet wurden. Der alte Brauch der Kräuterweihe am 15. August, dem Fest der Aufnahme Mariens in die Herrlichkeit Gottes, scheint hier ebenfalls die Vorstellung mitgeformt zu haben.

Der Garten spielte in Gertruds Visionen öfter eine Rolle. Sie beschrieb das Erlebnis ihrer ersten, einschneidenden Christusbegegnung, als Christus sie über eine Dornenhecke hinweg zu sich hob. Das war sozusagen der Beginn einer großen Liebe. Diese lässt sich zeitlich ins 13. Jahrhundert einordnen. Und seit 1999 kann man den Ort wieder besuchen, der den Geist dieser Liebe behütet: in der Lindenstraße 36 in der Lutherstadt Eisleben.

Gertrud von Helfta.
Skulptur in der St. Marienkirche des Klosters Helfta

Am Dreikönigstag wurde sie geboren, mit ziemlicher Sicherheit am 6. Januar 1256, wahrscheinlich in Thüringen. Ihr Familienname ist nicht bekannt. Wir haben erfahren, dass Gertrud im zarten Alter von fünf Jahren nach Helfta kam. Das Kloster mit dem guten Ruf als Ort fundierter wissenschaftlicher und geistlicher Ausbildung verfügte bereits über eine große Attraktivität, insbesondere für die Bildung junger Thüringer Adliger. Hier, im *Zisterzienserinnenkloster St. Marien zu Helfta*, fand die begabte Gertrud in der Äbtissin *Gertrud von Hackeborn* und ihrer Schwester *Mechthild* Lehrerinnen, die die auffällig begabte Klosterschülerin förderten. Sie lernte neben Lesen und Schreiben die lateinische Sprache, aber auch die Grundlagen der damaligen Wissenschaft, der sogenannten sieben freien Künste: Grammatik als lateinische Sprachlehre, Rhetorik, Dialektik oder Logik, Arithmetik, Geometrie, Musik und Astronomie. Gertrud erlernte das Psalmsingen und wurde schließlich auch in das Studium der Theologie eingeführt.

1270 kam *Mechthild von Magdeburg* im Kloster Helfta an. Als die dreiundsechzigjährige Mystikerin in Helfta ihr letztes Buch *Das fließende Licht der Gottheit* schrieb, hat Gertrud sie bei der Niederschrift unterstützt, so dass durch die Gespräche und durch die direkte Begegnung mit der Schreibenden die junge Klosterfrau bereits früh angerührt und auf die eigenen Visionen vorbereitet worden ist. Eine andere Quelle ihres eigenen visionären Erlebens war ihre Lehrerin und Freundin *Mechthild von Hackeborn*.

Am 27. Januar 1281 hatte Gertrud von Helfta ihre erste Christusvision. Von jenem Tag an, so berichteten die Mitschwestern, sei Gertrud »*von einer Grammatikerin zu einer*

Theologin« geworden. In den folgenden Jahren übersetzte sie Teile der Bibel, verfasste Gebete und schrieb ihre Visionen auf. Erhalten geblieben sind ihre beiden Hauptwerke *Legatus divinae pietatis – Gesandter der göttlichen Liebe* und das Exerzitienbuch *Exercitia spiritualis – Geistliche Übungen*. Während das erste Buch, das ihrer Visionen, lange Zeit als ihr Hauptwerk galt, wurde das Exerzitienbuch erst in den letzten Jahrzehnten in seiner Bedeutung wiederentdeckt. Nicht zuletzt weil in den Zeiten großer Umbrüche die Menschen verstärkt nach spirituellen Angeboten fragen.

Nach 1281 schrieb sie, gemeinsam mit einer namentlich unbekannt gebliebenen Klosterfrau, das Werk **Mechthilds von Hackeborn** nieder: *Liber specialis gratiae – Das Buch der besonderen Gnade*. Im Jahr 1301, nach anderen Quellen 1302, starb sie in Helfta. Nur dieser Mystikerin und Heiligen verlieh man den Ehrennamen *die Große*.

In der Bedeutung ihrer Schriften, literarisch wie theologisch, kann man das Werk Gertruds nur schwerlich überschätzen. Sie war eine hochgebildete Frau, und ihre Mystik bindet sowohl ihr durch das angesammelte Wissen »hindurchgeformte« Wort als auch ihre Religiosität ein. Ihr Werk überlebte die Katastrophe des Klosters 1342, dem Jahr seiner Zerstörung durch den Halberstädter Bischof Albrecht von Braunschweig, und gelangte erst später zu seiner tatsächlichen Blüte: Im Zuge der Gegenreformation im 16. Jahrhundert gewannen die Schriften Gertruds als der Vertreterin eines angstfreien Glaubens zunehmend vor allem in den romanischen Ländern an Bedeutung und traten schließlich ihren Siegeszug nach Südamerika an. Seither gilt Gertrud als die Patronin Südamerikas.

1229	Gründung des Klosters bei Mansfeld
1258	Verlegung des Klosters nach Helfta, östlich von Eisleben
1207–1282	Hl. Mechthild von Magdeburg, Mystikerin, bedeutende Schriften
1231–1291	Gertrud von Hackeborn, Äbtissin von 1251 bis 1291
1241–1299	Hl. Mechthild von Hackeborn, Schwester der Äbtissin, Mystikerin, Leiterin der Klosterschule
1256–1302	Hl. Gertrud von Helfta, Mystikerin, bedeutende Schriften
1342	Verwüstung des Klosters durch Albrecht von Braunschweig
1343	Verlegung des Klosters an die Stadtmauer von Eisleben
1483–1546	Martin Luther in Eisleben geboren und gestorben
1525	Verwüstung des Klosters Neu-Helfta im Bauernkrieg, Reformation in Eisleben, Säkularisierung des Klosters Helfta
1542	Das Klostergut wird preußische Staatsdomäne. Die DDR wandelt die Staatsdomäne um in ein »Volkseigenes Gut« mit Massentierhaltung.
3. Juni 1992	Aus vier Förderkreisen entsteht der »Verband der Freunde des Klosters Helfta«.
8. Aug. 1994	Das Klosterareal mit Teilen historischer Bausubstanz wird wieder Kirchenbesitz. Aus Spendenmitteln des Verbandes kauft das Bistum Magdeburg von der Treuhand das Klosterareal. Bischof Leo Nowak übernimmt die Schirmherrschaft für den Wiederaufbau.
1. Sep. 1998	Offizieller Beginn des Wiederaufbaus des Klosters Helfta
21. März 1999	Richtfest der Abteikirche St. Maria

ADELHEID:
DIE HEILIGE KAISERIN

Von edlem Wesen

Am 20. Dezember 2012 vergab die Stadt Magdeburg ihren ersten *Adelheid*-Preis an die leitende Stationsschwester am Universitätsklinikum Magdeburg, Sabine Körber, die sich privat für den Aufbau eines Gesundheitstrainings für Menschen mit HIV engagiert hatte. Der Preis soll künftig jährlich am 16. Dezember, dem Todestag der zweiten Frau Ottos des Großen, der Kaiserin Adelheid, die bereits zu Lebzeiten ihres karitativen Engagements wegen vom Volk verehrt worden war, an Bürger vergeben werden, die sich durch ein großes ehrenamtliches Engagement auszeichnen.

114

Wer ist diese Frau, nach der man mehr als eintausend Jahre nach ihrem Tod noch Preise für bürgerschaftliches Engagement benennt?

Adelheid. Ihr Name bedeutet im Althochdeutschen, dass sie von *edlem Wesen* sei. Geboren wurde sie 931 in Burgund als Tochter des Königs Rudolf II. von Burgund. Bereits als Kind sah sie den ostfränkischen Thronfolger Otto am burgundischen Königshof. Rudolf II. schloss mit den Liudolfingern ein Schutzbündnis gegen Hugo von Italien und gegen die Einfälle der Ungarn. Reliquien wurden ausgetauscht. Rudolf gab das Wertvollste, was er besaß: Die Heilige Lanze mit dem

Adelheid und Otto, das Kaiserpaar (Stifterfiguren im Meißner Dom)

Nagel aus dem Kreuz Christi, die dem burgundischen Nationalheiligen, Mauritius, gewidmet ist. Adelheid hatte den Thronfolger schon damals wahrgenommen. Als 937 ihr Vater starb, gelang es Mutter Bertha noch, den Sohn und Thronfolger Burgunds an den ottonischen Königshof zu senden, sie und ihre Tochter Adelheid wurden Opfer einer Entführung durch Markgraf Berengar im Auftrag Hugos von Italien. Hugo heiratete Rudolfs Witwe und gab 947 Adelheid seinem Sohn Lothar zur Frau. Lothar war ein sehr gebildeter Mann, der mit reichen Schenkungen, darunter 21 Königshöfe, seine Frau zu einer der vermögendsten Frauen des Abendlandes machte und sie schließlich, am 31. März 950, in einer Urkunde zur *consors regni nostri* erhob, zur *Gefährtin unserer Königsmacht*. Damit legte er den Grundstein für das neue Bild der Frau, das beispielsweise die Kaiserinnen der Ottonen prägten, Teilhaberinnen der Macht zu sein. Die kluge Adelheid nutzte ihren Besitz, um durch Schenkungen ein Netzwerk aufzubauen, dem sie nur kurze Zeit später, etwa über den Bischof von Reggio, ihr Leben verdanken wird.

Denn nach nur drei glücklichen Ehejahren starb König Lothar II. eines plötzlichen Todes. Markgraf Berengar schien dabei seine Hand im Spiel gehabt zu haben. Adelheid wies seine Anträge zurück und wurde daraufhin auf der Burg Como gefangen gesetzt. Über den Bischof von Reggio gelang es ihr, Kontakt mit Otto aufzunehmen und ihn um Beistand zu bitten. Sie selbst floh am 20. August 951 und fand zunächst Unterschlupf auf der Burg Canossa, die zum Gebiet des Bistums von Reggio gehörte. Otto eilte ihr zu Hilfe. Kampflos eroberte er Pavia. Berengar war geflohen. In Pavia ließen sich Otto und Adelheid, sie zwanzig Jahre alt, er vierzig, trauen. Die ostfränkische und die italienische Königskrone fanden zusammen. Ein Reich von europäischem Gewicht entstand. Im Februar 952 zogen Otto und Adelheid nach Magdeburg, wo sie Ostern 952 eintrafen. In Magdeburg traf Adelheid auf Vertrautes: Ottos *Mauritiuskloster*. Mauritius war der Nationalheilige ihrer Heimat Burgund, deren Hauptstadt Saint Maurice hieß. Sie war angekommen.

Aber wie ging es weiter?

Die Kaiserin des Abendlandes

Aufgrund der Hauskriege der Ottonen, insbesondere des Aufstands Liudolfs, des Sohnes von Otto und Editha, meinten die Ungarn, die seit etwa 60 Jahren immer wieder ins ostfränkische Reich zu Raubzügen aufbrachen, Otto wäre so geschwächt, dass man einen neuerlichen Raubzug ausführen könnte. 955 fielen sie in Bayern ein, um Augsburg zu belagern. In einer durch Otto von vornherein geplanten Vernichtungsschlacht, die auf dem Augsburger Lechfeld begann, wurden die Ungarn geschlagen. Otto hatte ihnen bereits vor der Schlacht durch eine Reihe von Hinterhalten den Rückzug erschwert. Ein Großteil der 20 000 ungarischen Krieger samt verschiedenen Hauptleuten wurde nicht nur geschlagen, sondern auf dem Rückzug verbrannt, erschlagen, ertränkt. In Regensburg kam es zu Massenhinrichtungen. Der Sieg war so vollständig, dass in der Konsequenz die ungarischen Reitervölker sesshaft wurden und innerhalb einer Generation durch die Arpaden, das Adelsgeschlecht, das nun die Führung übernahm, sich auch zum Christentum bekehrten. Otto aber, der mit der *Heiligen Lanze* in die Schlacht gegangen war, wurde von seinen Truppen jubelnd als Vater des Vaterlands und als Kaiser willkommen geheißen. Die Schlacht auf dem Lechfeld galt nicht nur als Ottos größter militärischer Erfolg, sondern wurde auch der Schlüssel zum Kaisertum. Das war Adelheid sehr schnell klar geworden. Sie stellte in Vorbereitung einer Kaiserkrönung das *Ottonische Pontifikale* zusammen, eine Krönungsliturgie, nach der die Kaiserin gekrönt wird.

960 war es endlich soweit. Wieder war es Markgraf Berengar, der als – diesmal willkommener – »Böser vom Dienst« die Wege kreuzte. Otto hatte ihn seinerzeit begnadigt und als Statthalter in Italien eingesetzt. Nun beschwerte sich Papst Johannes XII. in bitteren Worten über die Willkürherrschaft des ottonischen Statthalters. Otto zog also mit Adelheid an der Spitze seines Heeres nach Italien. Die beiden Töchter ließen sie in Quedlinburg zurück, im Damenstift auf dem Schlossberg, in welchem Adelheids Schwiegermutter als Laienvorsteherin wirkte.

Berengar überließ Otto auch diesmal das Land kampflos und flüchtete sich in eine Bergfeste. Nach dem triumphalen Einzug in Rom wurde der König der Ostfranken und König von Italien, nebst seiner Gemahlin, am 2. Februar 961 in der Kapelle des heiligen Mauritius in der Peterskirche zum Kaiser, sie zur Kaiserin gesalbt und gekrönt. Das heißt, dass sie nicht nur die Ehefrau des Kaisers, sondern selbst gekrönte Mitherrscherin war, die erste Kaiserin des Abendlandes seit mehr als fünfhundert Jahren! Am 13. März 962 wird sie erstmals urkundlich als *consors imperii* genannt, Teilhaberin des Kaiserreichs. Und als solche war sie nicht nur die mächtigste, sondern auch die reichste Frau in Europa. Wieder nutzte sie ihren Reichtum auf kluge Weise, das Ziel nicht aus den Augen verlierend: Netzwerke zu schaffen, die den Bestand der Dynastie sicherten. Ihre elfjährige *Tochter Mechthild* wird Äbtissin des Damenstifts in Quedlinburg. In der Krypta der *St. Servatius Stiftskirche* fand sich eine frühe Darstellung der Adelheid an einer Säule. Dass Adelheid freilich nicht nur die Mächtigen bedachte, sondern auch in ihren karitativen Werken tüchtig war, ließ sie im Volk bald zu einer beliebten Herrscherin werden. Nach der Kaiserkrönung folgte ein Jahrzehnt der Stabilisierung und eines relativen Friedens im Reich.

Was fehlte nun noch?

Bewahrerin der Dynastie

Nun wünschte sich das Königspaar eine starke Frau für den Nachfolger, der die abendländische Kaiserdynastie und die morgenländische Dynastie zusammenführen sollte. 972 erwartete der Hof die künftige Frau des Thronfolgers, *Theophanu*, eine Prinzessin aus Byzanz. Mit Theophanu kam freilich auch eine starke Frau ins Haus der Ottonen, eine zweite starke Frau, die nach dem Tod Ottos des Großen 973 in Memleben, wahrscheinlich verursacht durch eine Fleischvergiftung, bald die erste Frau im Staate sein muss – und dies sich auch von der Schwiegermutter nicht nehmen ließ. Es kam zum Zerwürfnis, auch Adelheids mit ihrem Sohn Otto II. Erst auf dessen Italienfahrt gelang die Versöhnung. Einer Fahrt übrigens, die Adelheid missbilligte, weil sie meinte, die Unruhen im Süden der Halbinsel ließen sich besser mithilfe ihrer Netzwerke lösen. Aber der junge Herrscher führte in der Meinung – von seiner Frau bestärkt –, dass er sich beweisen müsse, das Reich in seine tiefste Krise. Nach der verlorenen Schlacht gegen die Sarazenen am Cap Colonna im Juli 982, der er mit knapper Not entkam, starb der Kaiser kurze Zeit später, im Alter von 28 Jahren an Malaria. Der Thronfolger war erst drei Jahre alt. Als sie diese Nachricht ereilte, weilte Adelheid in Pavia, Theophanu in Rom. Beide Frauen trafen sich, begruben ihre gegenseitigen Ressentiments: Die Dynastie brauchte jetzt Einigkeit, wollte sie überleben. Noch ehe die Welt vom Tod des Kaisers erfuhr, wurde Otto III. bereits zum König gekrönt. Ein gefährliches Spiel: Denn der Thronfolger wurde kurze Zeit später vom Bayernherzog Heinrich dem Zänker entführt, der sich selbst Hoffnung auf den Thron machte und sich sogar in Quedlinburg krönen ließ. Wiederum war es Adelheid, der es gelang, Heinrich den anfänglichen Rückenhalt bei den sächsischen Edlen zu nehmen, und ihn zwang, sich auf dem Reichstag zu Rara (Rohr bei Meiningen) 984 zu unterwerfen und nun seinerseits den Thronfolger anzuerkennen. Mit Tatkraft übte Theophanu die Regentschaft aus, bis sie, erst einunddreißigjährig, 991 in Nimwegen starb. Niemand widersprach, als Adelheid nun wieder die Zügel in die Hand nahm und die Regentschaft drei Jahre fortsetzte, bis der Thronfolger volljährig war. 994 übernahm Otto III.

Adelheid verstand sich als erste Kaiserin des gesamten Abendlandes. Die Skulptur gehört zu den frühgotischen Stifterfiguren des Nordhäuser Doms.

die Regentschaft. Die Heilige Lanze ging nun auf ihn über. 996 wurde Otto III. zum Kaiser gekrönt. »*Nun bin ich Kaiser*«, schrieb er seiner Großmutter – und: »*Du hast mich dazu gemacht.*«

Über drei Generationen war Adelheid die Bewahrerin der Ottonendynastie gewesen. Nun, da der Enkel gleichen Namens wie der Großvater Kaiser geworden war, schien ihre Aufgabe erfüllt. Die Jahre des Friedens, der Stabilität, der prosperierenden Wirtschaft blieben mit ihrem Namen verbunden. Adelheid wollte allerdings auch, dass die Erinnerung an sie bliebe. Deshalb gab sie im Alter von 68 Jahren dem Abt Odilo von Cluny – die Reformabtei lag im Burgundischen – den Auftrag, ihre Biographie zu schreiben. Deshalb auch sorgte sie dafür, dass in den Merseburger Nekrolog die Daten, die ihr Leben betrafen, genauestens eingetragen wurden. Als sie im von ihr gestifteten Kloster in Seltz im Elsass am 16. Dezember 999 starb, hatte sie ein halbes Jahrhundert die Geschicke des ottonischen Reiches bestimmt. »*Die kaiserlichste aller Kaiserinnen*«, wie ihr Biograph, Odilo von Cluny, sie einmal nannte, wurde bereits im 11. Jahrhundert ob ihrer zahlreichen Klostergründungen in Europa, ob ihrer Mildtätigkeit und ihres frommen Lebenswandels heiliggesprochen. Odilo schrieb beispielsweise, dass sie, wie das Wort des Herrn es verlange, Beleidigungen noch vor Sonnenuntergang vergeben habe. »*Vielen vergalt sie Böses mit Gutem.*«

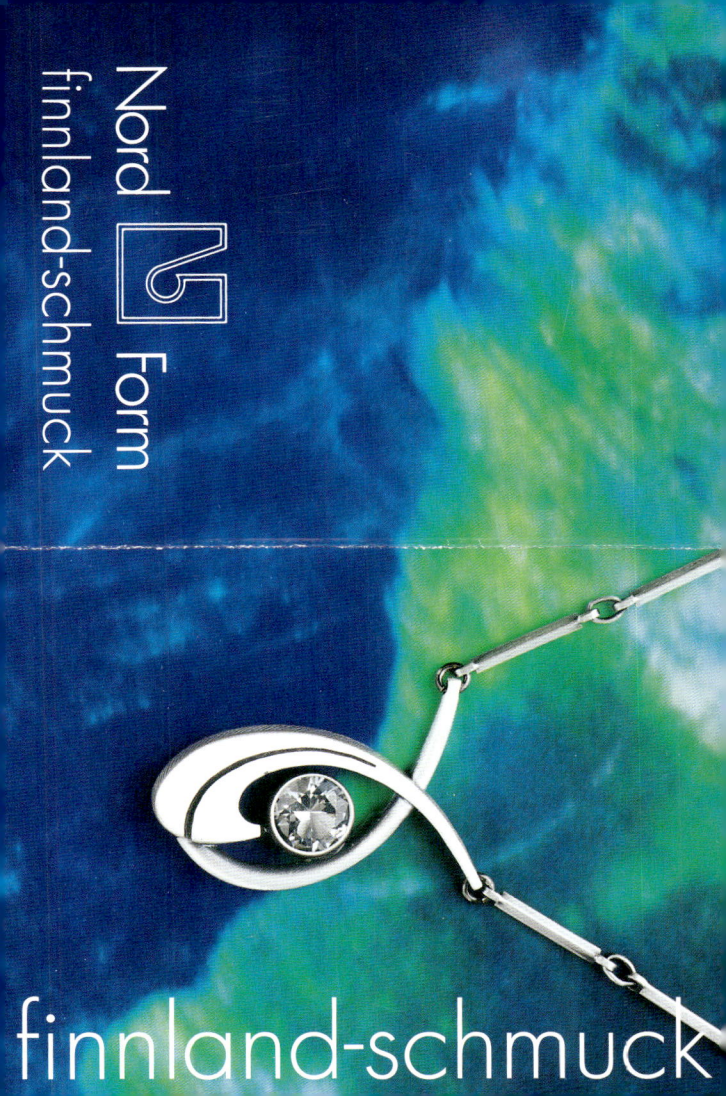

Galerie Kachina
Silke Hirsch
Marktstrasse 41
76829 Landau
Tel.: 06341 520930

Sie

haben eine gute Entscheidung getroffen. Sie haben sich für **finnland-schmuck** aus Silber entschlossen und damit für Schmuck, dessen Verarbeitungsqualität und Güte des Edelmetalles über jeden Zweifel erhaben sind. Die Kombination mit echten Bergkristallen und das „klassische" finnische Design machen diesen Schmuck so einmalig schön.

Wir

garantieren, daß dieser **finnland-schmuck** aus wertvollem Sterling-Silber und echten Bergkristallen gefertigt wurde. Diesen von berühmten finnischen Designern entworfenen Schmuck finden Sie nur bei autorisierten Händlern.

Die Kaiserin und Memleben

Als 942 Otto, noch König und nicht Kaiser, eine neue Kirche in der Memleber Pfalz bauen ließ, soll das eine von weither sichtbare, sehr repräsentative Kirche gewesen sein.

Memleben, der Ort im Unstrut-Tal, war eine der Lieblingspfalzen König *Heinrichs I.*, Adelheids Schwiegervater. Heinrich I. starb am 2. Juli 936 in Memleben, nachdem ihn wohl auf dem Hof Bodfeld bei Elbingerode ein erster Schlaganfall ereilt hatte. Auf dem Weg von Bodfeld nach Memleben ordnete er in Erfurt auf einer Reichsversammlung seine Nachfolge. Sein Leichnam wurde schließlich nach Quedlinburg überführt und im Vorgängerbau der Stiftskirche St. Servatius auf dem Schlossberg beigesetzt. Von seiner Frau Mathilde heißt es, dass sie, als Heinrich im Sterben lag, in der Pfalzkirche zu Memleben betete.

123

Auch ihr Sohn, *Otto der Große*, weilte mindestens viermal im Memleben und starb hier: am 7. Mai 973. Ob Adelheid beim Tod ihres Mannes in Memleben weilte, ist den Quellen nicht zu entnehmen. Annehmen darf man es wohl. Anlässlich des prächtigen Hoftages zu Quedlinburg zu Ostern desselben Jahres war sie anwesend. Da stand Otto auf dem Höhepunkt seiner Macht. Der Hoftag gab einen Blick auf die europäische Dimension seiner Herrschaft. Das Kaiserpaar empfing Gesandte aus Dänemark, Polen, Ungarn, aus Byzanz, Italien und Spanien.

Sein Tod in Memleben wenige Wochen später kam überraschend. Er bekam hohes Fieber und verlangte die Sterbesakramente. Kurze Zeit später starb er. Ottos Leichnam wurde nach Magdeburg gebracht, sein Herz und seine inneren

Organe wurden jedoch in Memleben begraben, in der von ihm gestifteten *Marienkirche*. Von der Kirche sind noch einige Mauerteile vorhanden. Der originale Grundriss mit den gigantischen Ausmaßen von 82 Metern Länge und 39,5 Metern Breite ist heute durch eine Pflasterung erkennbar. Die Kirche gehörte damit zu den größten Monumentalbauten der Ottonen.

Von Ottos Sohn, *Kaiser Otto II.*, und dessen Frau *Theophanu* sind ebenfalls mehrere Besuche in Memleben berichtet. 979 stifteten beide ein *Benediktinerkloster*, das mit zahlreichen Schenkungen ausgestattet wurde. Gleichgestellt mit Reichsklöstern wie Fulda oder Corvey, wurde das Kloster Memleben eines der großen geistigen Zentren des Reiches. Die Aufgabe der Mönche war, für die Memoria, also das Gebetsgedenken Ottos I. sowie später auch für die jung verstorbenen Eltern Ottos III. zu sorgen. Auch Otto III. blieb dem Kloster und dem Ort gewogen, so verlieh er 994 dem Kloster das Markt-, Münz- und Zollrecht. Mit Ottos Nachfolger, Heinrich II., begann jedoch der schnelle Abstieg des Klosters, er unterstellte es dem hessischen Kloster Hersfeld. Damit verlor es seine Unabhängigkeit und auch seine Bedeutung.

Wo freilich die Pfalz stand, kann man heute nicht mehr feststellen. Lange hatte man fälschlicherweise die Reste der Klosterkirche dem Pfalzgebäude zugerechnet. Mittlerweile vermuten Forscher die Pfalz auf der Burg Wendelstein oder auf der Altenburg in Wangen an der Unstrut. Eine Reise nach Memleben lohnt sich jedoch immer, allein schon wegen der beeindruckenden klösterlichen Ruinen sowie der vielen Gebäude, in denen man eine ständige Ausstellung zur Geschichte von Pfalz und Kloster besuchen kann.

Mittelschiffarkaden des Klosters Memleben

ELISABETH: DIE SEHNSUCHT DER MENSCHEN NACH DER HEILIGEN

Die Neuenburg hinter Stacheldraht

In der DDR sprach man zuweilen ironisch vom *Ruinen schaffen ohne Waffen*. In **Freyburg an der Unstrut** sahen die Bürger jahrelang, wenn sie die Köpfe hoben und den Burgberg hinaufschauten, wie ihre Burg zur Ruine wurde. »*Die Burg war bis 1989 fast zwanzig Jahre geschlossen. Angeblich sollte hier das Weinmuseum der DDR entstehen, aber außer Verfall wurde hier nichts produktiv. 1989 haben sich die Bürger Freyburgs den Zugang regelrecht erzwungen. Als die Tore sich öffneten, standen den Bürgern die Tränen in den Augen, weil die Burg ein so erschütterndes Bild bot.*« Der Fotograf Thomas Tempel, der die Szene schildert, leitete später die Öffentlichkeitsarbeit der Neuenburg. Es ist ihm anzumerken, wie sehr ihn auch heute noch die Bilder von damals bewegen. »*Damals wurde, sozusagen aus dem Stand, der Verein zur Erhaltung und Rettung der Neuenburg e. V. gegründet. Den Ehrenvorsitz hatte der Bundesaußenminister a. D. Dr. Hans-Dietrich Genscher angetragen erhalten und angenommen. Er ist in Halle an der Saale aufgewachsen und die Neuenburg hatte zu den großartigen Burgen seiner Kindheit gehört.*« Und immer wieder fällt ein Name: »*Ohne die Hilfe der damals freischaffenden*

Die Lindenholzskulptur der heiligen Elisabeth, die auf der Neuenburg zu bewundern ist, stammt aus dem 14. Jahrhundert.

Kunsthistorikerin Kristine Glatzel wäre die Neuenburg heute nicht die schönste Burg Sachsen-Anhalts.« Nachdem in einem Gebäudeteil der Hausschwamm festgestellt worden war, hatte die DDR-Regierung beschlossen, die größte Burg der Thüringer Landgrafen dem Verfall preiszugeben. Da man den Widerstand der Bevölkerung befürchtete, setzte man die Lüge vom Weinmuseum in die Welt und sperrte die Burg teilweise mit Stacheldraht ab.

Der aussätzige Bettler im Bett des Landgrafen

Einmal, als Landgraf Ludwig IV. mit seiner Mutter Sophia und seiner Frau *Elisabeth* auf der Neuenburg Hof hielt, entdeckte die Mutter einen leprakranken Bettler im Bett ihres Sohnes. Elisabeth hatte den Mann gewaschen und schließlich in des Landgrafen Bett gelegt. Ihre Schwiegermutter ließ den Sohn holen, nahm ihn bei der Hand und führte ihn in seine und Elisabeths Schlafkemenate. *»Erkenne endlich«*, schrie sie ihren Sohn an, *»wie deine Frau Elisabeth euer Bett mit solchen Menschen besudelt.«* Der Fürst schaute auf den leprösen Mann, erkannte aber statt des Elenden den gekreuzigten Herrn, der da in seinem Bett lag. Der Landgraf verstand. Er bat Elisabeth, auch künftig solche Menschen in seinem Bett zu pflegen. Er hatte erkannt, dass Elisabeth nichts Unrechtes tat, sondern mit jedem, den sie pflegte, Christus bei sich aufnahm. Der Landgraf hatte den tiefen Grund gesehen, aus dem heraus seine geliebte Frau lebte und arbeitete. Das unterschied ihn von seiner Mutter, die nur sehen konnte, was ihrem harten Herzen gegen den Strich ging.

Ein Stück Heiles in der Welt

Der aus Duisburg stammende Magdeburger Prämonstratenserpater Dr. Clemens Dölken hält Elisabeth für den Typus eines modernen Menschen: »*In einer Zeit, in der sich unser Leben immer mehr dem amerikanischen Modell annähert, wird das Mäzenatentum in der Kunst immer dringlicher – auch bei den karitativen Modellen für die soziale Fürsorge. Es braucht dazu mehr privates Engagement. Das Erfreuliche: Jeder, der sich dazu durchringt und seinerseits zu helfen versucht, gewinnt ja ein Stück Lebensglück. Das Glück für den Einzelnen liegt im Glück der Begegnung.*«

Pater Clemens hat sich mehrfach mit der Person der Heiligen auseinandergesetzt. Auf die Frage, was die heilige Elisabeth für ihn heute bedeute, meint der katholische Theologe und Volkswirtschaftler: »*Elisabeth steht für solche nachvollziehbaren Momente wie das Verlassensein vom Partner, für das Ausgebeutetsein der Frau, für die Erfahrung, wie Recht durch Gewalt ersetzt wird. Das sind alles Erfahrungen, die wir modernen Menschen auch machen können oder bereits gemacht haben. Ihre Antwort ist ebenso einfach wie verblüffend. Ihre Antwort ist Hilfe. Das Wunder ihrer Wirkung liegt wahrscheinlich in der Sehnsucht, ein Stück Heiles in der Welt zu entdecken.*«

Pater Clemens weiß, dass es auch in Magdeburg eine Erinnerung an Elisabeth gibt: »*In der hochsäuligen Kapelle des Klosters Unser Lieben Frauen steht eine Elisabethskulptur. Sie hält den Brotkorb mit den Rosen. Übrigens fand ich beim Aufräumen des Bodens meiner Eltern eine interessante Lampe. Auf jeder ihrer vier beleuchteten Seiten war*

ein Heiliger dargestellt, der ›Helfen‹ zum Thema hatte: Der heilige Nikolaus, der heilige Franz von Assisi, der heilige Martin von Tours und die heilige Elisabeth von Thüringen. Die Legende lebt also!«

»Mit ihm ist mir die Welt gestorben«

Am 7. Juli 1207 kam Elisabeth als Tochter des ungarischen Königs Andreas II. und seiner Frau Gertrud von Kärnten-An-dechs-Meran in Sárospatak, im Norden Ungarns, zur Welt. Bereits mit vier Jahren wurde die kleine Elisabeth als Ver-lobte an den Hof des künftigen Landgrafen, des Ludowingers Hermann, gebracht. Hermann starb aber bereits im jugend-lichen Alter im Jahre 1216. So folgte, nach dem Tod des Landgrafen Hermann I. im Jahre 1217, der jüngere Sohn als Ludwig IV. in der Herrschaft über die Landgrafschaft Thürin-gen und die Pfalzgrafschaft Sachsen sowie über das spätere Hessen nach. Elisabeth aber war der künftige Gemahl abhan-den gekommen. Doch verliebte sich der Thronfolger in das auch seiner Schönheit wegen gerühmte Mädchen. Vier Jahre später, 1221, erfolgte die Vermählung des jungen Landgra-fen Ludwig mit der vierzehnjährigen Elisabeth. Drei Kinder gingen aus der Ehe hervor: der spätere Nachfolger Ludwigs, Landgraf Hermann II., 1222 geboren, die künftige Herzogin von Brabant, Sophie, 1226 geboren, sowie die spätere Priorin des Stiftes Altenberg, Gertrud, 1227 geboren.

Als 1225 die ersten Franziskaner nach *Eisenach* kamen, beeindruckte Elisabeth zutiefst diese neue Art der Frömmig-keit, die mit dem Ideal befreiender Besitzlosigkeit einher-

Die Neuenburg

ging, die einen starken sozialen Impetus hatte. Das war eine moderne Art zu denken und zu glauben, die direkt an das Armutsideal Jesu anzuschließen schien, dem sie nachfolgen wollte. Fortan kümmerte sie sich noch intensiver um Bedürftige, besuchte die Armenviertel, erhielt dabei auch jegliche Unterstützung ihres frommen Gemahls, geriet in der Folge jedoch immer mehr mit der landgräflichen Familie in Konflikt.

Während Elisabeth viele Jahre ihres Lebens auf der *Wartburg* verbrachte, sind zumindest für die Jahre 1224 bis 1226 auch in Urkunden Aufenthalte Elisabeths auf der *Neuenburg* belegt. Damit zählt die bei weitem größte Burg der Thüringer Landgrafen zu den historischen Lebensorten der Heiligen. Zu ihren Lebzeiten wurde die romanische Doppelkapelle der Neuenburg in ihrer Oberkapelle modernisiert. 1226 legte Ludwig IV. zusammen mit dem Stauferkaiser Friedrich II., dem Barbarossa-Enkel und »stupor mundi«, dem »Staunen der Welt«, das Kreuzzugsgelübde ab. Elisabeth wurde zur Regentschaft während der Abwesenheit Ludwigs eingesetzt. Großzügig verteilte sie anlässlich einer Hungersnot Nahrungsmittel an die Bevölkerung. Der Legende nach begleitete Elisabeth ihren Mann beim Abzug noch zwei Tage, weil sie sich nicht von ihm trennen konnte ...

Am 11. September 1227 starb Ludwig IV. in Otranto. Von Elisabeths Trauer zeugt auch der von ihr überlieferte Ausspruch: »*Mit ihm ist mir die Welt gestorben.*« Auf Betreiben Heinrich Raspes, Ludwigs Bruder, der nun das Ruder in die Hand nahm, musste Elisabeth samt ihren drei Kindern die Wartburg verlassen. Die Kinder fanden beim Bamberger Bischof Ekbert, einem Onkel Elisabeths mütterlicherseits, Aufnahme. Sie legte am Karfreitag 1228 in der *Eisenacher Franziskanerkirche* allen weltlichen Wohlstand ab und siedelte nach Marburg über. Hier begann sie, mit ihrem Witwenvermögen ein Hospital zur Armen- und Krankenpflege aufzubauen. Sie benannte es nach Franziskus.

Im November 1231 erkrankte die erst vierundzwanzigjährige, aber durch die Entbehrungen und die Strenge ihrer Arbeit ausgezehrte Frau. Vor ihrem Tod, erzählt die Legende, hörte und sah sie einen Vogel, der zwischen ihr und der Wand sich fröhlich hin und her bewegte und sang, ja sie zum Mitsingen bewegte. Die Legende erzählt ferner, dass Elisabeth bis zum letzten Tag von einer geradezu kindlichen Heiterkeit befallen gewesen sei. Am 17. November 1231 starb Elisabeth in Marburg und wurde zunächst in der Hospitalkapelle, später in der St.-Elisabeth-Kirche beigesetzt, die am 1. Mai 1283 geweiht wurde. Bereits 1232 war ihr Grab ein vielbesuchter Wallfahrtsort.

Als sie vier Jahre später, am 27. Mai 1235, von Papst Gregor IX. heiliggesprochen wurde, hatte *Mechthild von Magdeburg* eine Vision, in der ihr Christus erklärte: Es gehöre sich für einen Boten, schnell zu sein. Elisabeth war und sei ein Bote, den er zu den Frauen gesandt habe, die, ohne an ihr Seelenheil zu denken, auf den Burgen saßen, von Unkeuschheit durchdrungen und vom Hochmut bedeckt, dass sie von Rechts wegen für den Abgrund bestimmt gewesen wären. Elisabeths Vorbild aber seien viele edle Frauen gefolgt, soweit ihr Wille und ihre Kraft eben reichten. Ihr Leben, ihr Tod, ihre Heiligsprechung bewegten die Menschen und bewegen sie bis heute.

Es war übrigens der Deutsche Orden, der zunächst das Spital erweiterte, schließlich aber die *Elisabethkirche* als ihr geweihte Kirche baute, eines der frühesten gotischen Bauwerke auf deutschem Boden. Im Beisein Kaiser Friedrichs II. erfolgte 1236 die Erhebung ihrer Gebeine. Friedrich stiftete eine Krone, dass ihr Leichnam als ein gekrönter wieder bestattet würde.

Die weiße Burg auf dem Berge

Als Elisabeth während der Hungersnöte in den Jahren 1225 und 1226 Nahrungsmittel verteilte, beschwerte sich der Hof über die seiner Meinung nach unangemessene Freigiebigkeit. Der Legende nach soll Ludwig IV., ihr Gemahl, geantwortet haben, dass sie nach Gutdünken schenken könne, lediglich die Wartburg und die *Neuenburg* wolle er jedoch für sich behalten.

Sicher wird Elisabeth vom landgräflichen Obergeschoss der Doppelkapelle aus den Gottesdienst verfolgt haben, sicher hielt sie sich in Wohnturm und Palas, dem Hauptgebäude der Burg mit Wohn- und Festsaal, auf, sicher ging sie über den Burghof und zum Burgtor hinein und hinaus. Nach der Heiligsprechung wird auch die Neuenburg Ort der Verehrung

Elisabeths. Bereits im 15. Jahrhundert wurde die *Oberkapelle St. Elisabeth* geweiht. Hier in der Oberkapelle ist auch ein ganz anrührendes Zeugnis ihrer Verehrung erhalten: Irgendwer schrieb im ersten Viertel des 16. Jahrhunderts ein Bittgebet an die Wand, in dem er die *»verehrungswürdige Elisabeth«* um Hilfe anrief. Hier in der Oberkapelle, in den Betstuben, hat auch die eindrucksvolle Elisabeth-Skulptur, eine Lindenholz-Schnitzerei aus der Zeit um 1330, ihren Platz, eine Leihgabe aus der Skulpturensammlung der Staatlichen Museen zu Berlin.

Gegründet aber wurde die Burg durch den Thüringer Landgraf Ludwig dem Springer, der seinerzeit von der Burg Giebichenstein fliehen konnte, in die er eingesperrt worden war, weil er den Ehemann seiner Geliebten wenig fein »um die Ecke« hatte bringen lassen. Die Neuenburg sollte das ludowingische Herrschaftsgebiet im Osten sichern. Es wurde eine pracht- und machtvolle Anlage, die den ludowingischen Stolz beflügeln konnte. Die Ludowinger waren ein mächtiges Geschlecht, weil sie mit den Mächtigen der Zeit bestens bekannt, verschwägert oder anders verwandt waren. Kaiser Friedrich Barbarossa war 1172 auf der Neuenburg zu Gast. 1230 hatte die Neuenburg eine flächenmäßige Ausdehnung von 30 000 Quadratmetern und war damit etwa dreimal so groß wie die Wartburg. Die Neuenburg unter Hermann I. und Ludwig IV. diente als die in Stein gesetzte Repräsentation des herrschaftlichen Selbstverständnisses der Thüringer Land- und sächsischen Pfalzgrafen. Aber am Thüringer Hof war man auch kulturbeflissen. Unter Hermann hatten die berühmtesten Minnesänger immer eine offene Tür. Hier oben auf der Neuenburg vollendete der Minnesänger Heinrich von Veldeke im Auftrag Hermanns I. seinen Äneasroman, das erste ritterlich-höfische Versepos in mittelhochdeutscher Sprache. Walther von der Vogelweide, Wolfram von Eschenbach weilten auf der Burg, auf dem »*montalbâne*«, auf dem »*weißen Berg, hoch über Freyburg*«, wie bereits Heinrich von Veldeke den aus Kalkstein bestehenden Burgberg beschrieb.

In Erinnerung an die Förderung der Künste am landgräflichen thüringischen Hof, an dem die vornehmsten der Minnesänger des 13. Jahrhunderts ein- und ausgingen, an denen der Hof oft genug seiner selbst so gesehenen Verpflichtung zum Mäzenatentum nachkam, entwickelte sich seit 1993 auf Betreiben der Gruppe *Ioculatores*, der auch der heutige Leiter der Burg, Jörg Peukert, angehörte, das Festival mittelalterlicher Musik *montalbâne* zu dem großen internationalen Festival, das jährlich viele Besucher nach Freyburg und auf die Neuenburg zieht. Und endlich gibt es auch ein Weinmuseum auf der Burg, so wie einst versprochen – nur dass es keins der DDR, sondern eins für Sachsen-Anhalt geworden ist. Und wo hätte es auch anders aufgebaut werden sollen als hier, mitten im Weinbaugebiet mit einer mehr als eintausendjährigen Tradition?

Die »Burgherrin aus Leidenschaft«

Am 3. November 1989 ruft die Freyburgerin Monika Marquardt anlässlich der montäglichen Versammlung in der **Kirche St. Marien**, dass sie die Offenlegung der Unterlagen über die **Neuenburg** fordere. Zu diesem Zeitpunkt war die Burg mehr als zwanzig Jahre nicht mehr zugänglich – unter dem Vorwand, dass hier das Weinmuseum der DDR entstehen solle. Warum aber, so fragten sich die Freyburger, verfällt die Burg dann immer mehr? Warum zieht man Stacheldraht um sie? Nun geht es, wie in jenen Tagen überhaupt, Schlag auf Schlag. Mit dem Verschwinden der Angst entstehen Versuchsfelder der Phantasie. Eine Bürgerinitiative wird gegründet. 862 Bürger unterschreiben eine Resolution, die ein Ende der Geheimniskrämerei um die Burg fordert. Am 25. November 1989 stehen um die Mittagszeit mehr als fünfzig Bürger vor dem Tor der Neuenburg. Sie lassen sich nicht wegschicken, sondern fordern Einlass. Der damalige Museumsleiter führt sie schließlich in zwei Gruppen durch die Burganlage. Auch wenn sie glauben, ihren Augen nicht trauen zu können: Die Neuenburg ist eine Ruine, der Zustand von Burg und Inventar, gelinde gesagt, chaotisch. Mit anderen Worten: Hier liegt ein Fall für die Kunsthistorikerin **Kristine Glatzel** vor. Unter ihrer Ägide war in den 1980er Jahren die Burg Querfurt restauriert worden. Sie zögert nicht und inspiziert allein die Neuenburg. Als sie schließlich im Kleinod der Burg, der **Doppelkapelle**, steht, an dem Ort, an dem die heilige Elisabeth Kraft geschöpft hat, wird sie sich der Verantwortung gegenüber der Geschichte des Ortes bewusst. Die Neuenburg muss leben.

*Die Doppelkapelle der Neuenburg wurde bereits zu Lebzeiten
der späteren Schutzpatronin der Burg, Elisabeth von Thüringen,
vollendet und im späten Mittelalter der Heiligen geweiht.*

Was man Kristine Glatzel nachsagt, muss sie nun aufs Neue beweisen: einen Sinn zu haben für die Schönheit des Ortes – und einen Sinn fürs Pragmatische. Sie schlägt die Gründung des Fördervereins vor, denn für den Wiederaufbau braucht es Unsummen Geldes. Wo sie auch auftaucht, spricht sie über die Denkmalpflege als Werkzeug der Wirtschaftsförderung. Die Burg, so meint sie, zu Recht übrigens, wie sich bald herausstellen wird, stelle das Fundament für den Tourismus der Region dar: Hier kulminiere die bewegende Geschichte des Unstruttals, hier gebe es bedeutende Kulturschätze, hier gebe es eine durch den Weinbau seit mehr als einem Jahrtausend geprägte Landschaft, die noch Erinnerungen an die hochmittelalterliche Herrschaftslandschaft zulasse.

Kristine Glatzel wird zunächst vom Staatsanwalt beauftragt, die musealen Bestände zu erfassen. Am 1. November 1990 wird sie zur Leiterin des Museums berufen. Bis 2003 wird sie das bleiben. Was wie eine Arbeit aussieht, die auf den Sankt Nimmerleinstag zugeschnitten ist, nimmt unter ihr Gestalt an. Manchmal mit ungeplanten und unerwarteten Hilfen. So telegrafiert nach seinem Besuch auf der Neuenburg ein Baron und Waldbesitzer aus Hessen dem Freyburger Bürgermeister, dass er das Bauholz für den abgebrannten Dachstuhl zugeschnitten und imprägniert der Stadt schenken möchte. Die Fordwerke in Köln sponsern die Lastzüge für den Transport, noch etliche andere sind an dem Projekt beteiligt, zahlen, übernehmen Dienstleistungen. Am 10. September 1990 steht der Dachstuhl. Vor dem Winter ist er gedeckt. 1992 konnte die restaurierte Doppelkapelle feierlich eröffnet werden. 1999 erhielt die aus Thüringen stammende und heute in Bechstedt bei Schwarzburg lebende Kunsthistorikerin das Bundesverdienstkreuz am Bande. Selten ist es mit so viel Berechtigung vergeben worden.

1938 geboren und im thüringischen Schwarzburg aufgewachsen, studierte sie an der Pädagogischen Hochschule Halle an der Saale und arbeitete seit 1962 als Lehrerin in Querfurt. In dieser Zeit absolvierte sie ein Studium der Kunstgeschichte an der Martin-Luther-Universität Halle. Ihr Schwerpunkt: Mittelalterlicher Profanbau, mit besonderem Bezug auf Burgen. Von 1970 bis 1984 arbeitete sie als Direktorin der Burg Querfurt. Von 1984 bis 1990 war sie als freischaffende Kunsthistorikerin tätig, ehe sie sich auf der Neuenburg wieder vor den (Burg)Karren spannen ließ. Ihrer Überzeugungskraft ist zu verdanken, dass sie Millionen über Millionen für den Aufbau der Burg zu sammeln versteht. Die – nach eigener Aussage – »Burgherrin aus Leidenschaft« hat in der Folge zahlreiche Bücher auch zur Neuenburg geschrieben. Sie bleibt beim Geschriebenen nicht die sachlich-fachliche Wissenschaftlerin, sondern versteht sich als Übersetzerin. Sie will ihre Arbeit Menschen verständlich machen, die fachlich eher wenig mit Kunstgeschichte zu tun haben, trotzdem aber bestimmte Dinge verstehen möchten. Insbesondere schreibt sie gern für Kinder und Jugendliche. *»Museen müssen es als Aufgabe verstehen, die junge Generation an die Aufgaben der Museen heranzuführen. Das ist ihr eigentlicher Auftrag: Bewahren für die nächste Generation.«*

Neo Rauch und die Heilige Frau auf Erden

Die älteste steinerne *Elisabethstatue* wurde kurz nach der Heiligsprechung Elisabeths 1235 geschaffen und steht nördlich des Westchors des *Naumburger Doms* in der sogenannten *Elisabethkapelle* unter einem Baldachin auf einer Konsole. Die streng wirkende Figur bedarf der längeren Betrachtung, ehe sie freigibt, dass sie auch sehr feine Züge hat. Je länger ihr Betrachter die Heilige anschaut, desto mehr entdeckt er ihre Inszenierung als lebendige Person. Auch der so wunderbar schwungvoll gearbeitete Faltenwurf des Mantels gehört zu dieser Inszenierung. An der Vorderseite der Konsoldeckplatte liest man den Namen Elisabeth, wobei die Endung auf »th« nicht zeitüblich ist. Sie kommt in dieser Form nur noch einmal auf dem Elisabethfenster im Westchor des Naumburger Doms vor. Die Darstellung der Elisabeth erinnert stark an Darstellungen der Gottesmutter. Die Nähe scheint nicht zufällig zu sein.

Ganz anders *Neo Rauchs Glasfenster*: Den international reputierten Leipziger Maler interessiert die irdische Geschichte, die Geschichte von Verlassenheit, von sozialer Fürsorge, von der Zuwendung zum leidenden Menschen. Wenn man einerseits von der heiligen Frau hört, dass ihr Lebens- und Leidensweg ein Weg aus der hohen Welt des Königtums in die Welt der Ärmsten ist, dass es ein Weg absoluter Nachfolge im Dienste Christi ist, muss man, um diesem Leben gerecht zu werden, gleichzeitig um die neue Frömmigkeit wissen, die damals geradezu revolutionär die alten Gewissheiten zerschlägt, die Korruption und Machtmissbrauch eine andere Welt entgegensetzt. So entdeckt man die moderne

Heilige. Neo Rauch versuchte der Legende eigenständige Perspektiven abzuringen. Hier entsteht die Predigt in der Mitte des Raums, da, wo die heilige Elisabeth himmlisch-hoheitlich auf Rauchs Menschen-Elisabeth trifft. Rauch macht deutlich, dass das Wirken Elisabeths nicht in einer heilen Welt stattfindet. Der Künstler schafft mit seinem Werk in der Elisabethkapelle des Naumburger Doms den Eindruck, dass die Quelle lebendig bleibt, dass sie auch weiterhin den Spiegel für menschliche Grundsituationen bietet. Seine Fenster, so hat man gezählt, lockten Monat für Monat etwa 1000 Besucher mehr an, als vor ihrem Vorhandensein kamen.

Rauch, der mit seinem großen Entwurf im gewagten Rot nach einem führenden Nachrichtenmagazin die Elisabethkapelle zur »Roten Kapelle« gestaltete, ist einer der ersten Nachkriegskünstler, der es wagte, mit einer figürlichen Fenstergestaltung seine Geschichte der frommen Legende zu erzählen, anstatt sich in die üblich gewordene abstrakte Farbgestaltung in die Nichtfestlegung zu flüchten. Der Mut, mit dem er sich bei dieser Arbeit besonders angreifbar gemacht hat, mit der er ehern gewordene Regeln bei der Fenstergestaltung zu religiösen Themen hinter sich ließ, entspricht in besonderer Weise dem Mut, den die Frauen der neuen Frömmigkeit ihrer Zeit aufbrachten, um die ehern gewordenen Regeln ihrer Zeit zu durchbrechen. Hier trifft Eigensinn auf Eigensinn, wenn man darunter versteht, dass man auch um den Preis des Scheiterns das eigene Schaffen mit eigenem Sinn erfüllen will.

141

HATHEBURG UND KUNIGUNDE: SCHICKSALSSTADT MERSEBURG

Tragisches Ende einer kurzen Ehe

Sie hatte etwas einzubringen, *Hatheburg*, die Tochter und Erbin des Grafen Ervin, genug jedenfalls, dass sie den Sachsenherzog Heinrich, Sohn Ottos des Erlauchten, für sich gewinnen konnte, der später mit dem Reichtum seiner zweiten Frau auch König von Ostfranken wurde. König über die ehemaligen Sieger!

Wäre die Heirat mit dem ehrgeizigen Sachsenherzog nicht gewesen, wüsste man heute mit Sicherheit nichts von ihrer Existenz. Aber auch so ist es wenig genug. Um 876 muss sie geboren worden sein, also in zeitlicher Nähe zu Heinrich I. Ihr erster Ehemann starb früh. Hatheburg trauerte und beschloss als junge Witwe, ihr Leben und ihren Besitzstand nunmehr in ein Kloster einzubringen. Als sie Heinrich I. begegnete, damals noch Sachsenherzog, erlag er ihrer Schönheit – und ihrem Besitz. Er warb um sie, und obwohl sie dem Kloster bereits versprochen war, heirateten die beiden, und zwar rasch, damit nicht die Besitzungen Hatheburgs doch noch an die Kirche fielen. Hatheburg schenkte dem gemeinsamen Sohn Thankmar das Leben, der später als Erstgeborener dem Sohn Heinrichs und dessen zweiter Frau Mathilde, Otto, das Leben schwermachte und schließlich in einem Aufruhr gegen Otto von dessen treuem Spießgesellen, Hermann Billung, getötet wurde.

Merseburger Dom

Gegen die Heirat von Hatheburg und Heinrich im Jahr 906, die mit einer kirchlichen Hochzeit vollzogen worden war, stand nun Bischof Siegmund von Halberstadt auf, der die Ehe kurzerhand für rechtswidrig erklärte. Hatheburg hatte es versäumt, ihre verpflichtenden Bindungen zum Kloster zu lösen. So kam es, dass Heinrich, der durch die Heirat mit Hatheburg die Hälfte der Merseburgischen Besitzungen des Grafen Ervin erhalten hatte, im Jahre 909 wieder geschieden war, freilich unter Inbesitznahme des Erbes Hatheburgs, und dass Hatheburg ihr weiteres Leben als Äbtissin eines Klosters führte. Der gemeinsame Sohn kam nach ihrem Eintritt ins Kloster zur Welt. So ging Hatheburg wieder aus der Geschichte: still und leise und unbemerkt. Wäre da nicht die kurze Liebe zweier Ungleicher gewesen. Noch im gleichen Jahr trat an ihre Stelle *Mathilde*, die Mutter des späteren Thronfolgers Otto des Großen.

Der Blitzaufstieg einer Trierer Gräfin

Geboren wurde *Kunigunde* zwischen 975 und 985, wahrscheinlich in Trier. Ihr Vater Siegfried, ein Graf im Mosel- und Saargau, erwarb 963 eine kleine Burg in Luxemburg, nach der sich die gräfliche Familie nach dem 11. Jahrhundert auch nannte, jedoch nicht zu Kunigundes Zeiten.

Als Tochter eines Grafen hätte sie kaum zur Kaiserbraut getaugt. Doch sie stammte geradlinig von den Karolingern ab, über die zweite Heirat ihres Großvaters war sie auch mit den Ottonen verwandt. Eine Heirat mit ihr bedeutete einen erheblichen Zuwachs an Prestige. Das wusste man auch am Hof des bayrischen Herzogs Heinrich IV. Etwa um das Jahr 1010 kam es dann zur Eheschließung. Der Herzog war noch Herzog, und eine Aussicht auf den Thron bestand vorerst nicht, war doch Kaiser Otto III., Enkel Ottos des Großen, gerade erst gekrönt worden. Möglicherweise hatte sogar die Hochzeit in Aachen in Anwesenheit Ottos III. stattgefunden. Heinrich stattete die Frau an seiner Seite ungewöhnlich reich aus. So gehörte ihr am Morgen nach der Hochzeit, als *Morgengabe*, sogar die Bamberger Burg, ein Ort, an dem sich Heinrich gar zu gern aufhielt.

Im Januar 1012 war plötzlich alles anders. Kaiser Otto III. starb unerwartet in Italien, es gab keinen Erben. Dem Bay-

An der äußeren Stuhlwange auf der Nordseite des Gestühls im Langhaus des Merseburger Doms St. Johannes Baptista und Laurentius befindet sich die geschnitzte Skulptur der Kaiserin Kunigunde als Stifterin (entstanden zwischen 1519 und 1570).

ernherzog eröffnete sich unerwartet die Chance auf die Kaiserkrone. Das brachte ihn in unmittelbare Konfrontation mit einem anderen aussichtsreichen Kandidaten, dem Heerführer Ottos III., Uta von Ballenstedts Schwiegervater, dem Markgrafen von Meißen, Ekkehard I. Doch Heinrichs Netzwerke erwiesen sich als die stärkeren. Am 10. August, dem Laurentiustag, für die Ottonen durch die Erinnerung an die Schlacht auf dem Lechfeld ein besonderer Festtag, fand die *Krönung Kunigundes* in Paderborn statt, einer Stadt, die damals noch zum sächsischen Stammesgebiet gehörte. Der Krönungstag war eine öffentliche Demonstration, dass die Königin unter dem starken Schutz des Heiligen stehe.

Das Königspaar verfolgte aber auch noch einen anderen Plan. Otto I. hatte anlässlich der Schlacht auf dem Lechfeld gelobt, nach dem Sieg ein *Bistum Merseburg* zu gründen. Sein Sohn, Otto II., hatte es wieder aufgelöst. Kunigunde und Heinrich wollten es wiederherstellen. Als 1004 der Magdeburger Bischof Giselher verstarb, der die treibende Kraft hinter der Auflösung des Bistums Merseburg im Jahr 981 gewesen war, betrieb das Königspaar sofort und erfolgreich die Wiederherstellung des Bistums und beauftragte es, neben Paderborn und Bamberg, mit der Sorge für sein Seelenheil. So hofften sie, den besonderen Segen des ottonischen Hausheiligen Laurentius zu erringen. Merseburg aber entwickelte sich zur Lieblingspfalz Heinrichs II. Am 18. Mai 1015 legte Bischof Thietmar von Merseburg den Grundstein zum Neubau des Doms, der von Heinrich II. nach Kräften gefördert wurde. Er nahm 1021 auch an dessen Weihe teil. Insgesamt sind 26 Aufenthalte des Kaiserpaares in Merseburg überliefert.

Kunigunde geht über glühende Pflugscharen. Relief am Kaisergrab von Heinrich II. und Kunigunde im Bamberger Dom

Die fromme Legende von der unberührten Kunigunde

Trotz des gegenseitigen Versprechens, eine Ehe in Keuschheit zu führen, war Kaiser Heinrich ein eifersüchtiger Mann, der allzu gern Einflüsterungen von höfischer Seite glaubte. So hieß es einmal, man habe wiederholt einen schönen Jüngling aus der Kammer der Kaiserin kommen sehen. Der Kaiser befahl ein Gottesurteil, denn er glaubte den Treuebekundungen seiner Gattin nicht. Sie sollte barfuß über zwölf glühende Pflugscharen laufen. Bliebe sie unverletzt, habe Gott ihre Treue bestätigt. Kunigunde trat gefasst vor die Pflugscharen und bat die Gottesmutter um Beistand. Laut bekannte sie, noch nie von einem Mann, nicht einmal ihrem eigenen, berührt worden zu sein. Der Kaiser war über die Preisgabe ihres gemeinsamen Geheimnisses so erzürnt, dass er ihr ins Gesicht schlug, um ihr die öffentliche Demütigung zurückzuzahlen. Als Kunigunde, gestützt von zwei Bischöfen, über die glühenden Pflugscharen schritt und unverletzt blieb, ergriff den Kaiser bittere Reue über sein Verhalten und er bat seine Frau tränenüberströmt auf Knien um Verzeihung.

Lendenlahm, aber osteroberungslustig

Das besondere Verhältnis des ungleichen Paares war eines, über das andere Paare mit ziemlicher Wahrscheinlichkeit gestolpert wären. Der »*lendenlahme Heinrich*« war offensichtlich zeugungsunfähig. In ihrer Frömmigkeit lebten sie das als bewusste Enthaltsamkeit. Des Königs Eroberungsgelüste richteten sich weniger auf Frauen als auf den Osten. Hier grenzte er sich deutlich von der auf Ausgleich ausgerichteten Ostpolitik Ottos III. ab. Während Otto den Polenkönig Bolesław Chrobry durch Hochzeitspläne an sich band – er versprach ihm seine Nichte Richeza als Schwiegertochter –, machte sich Heinrich den Polen zum unversöhnlichen Feind.

Die in Sachsen gekrönte Kunigunde schickte Heinrich 1004 während seines ersten Italienzugs nach *Magdeburg*. Hier, in Ottos Metropole, residierte sie. Als sich während ihres Magdeburg-Aufenthaltes im Jahre 1012 durch den Tod des Erzbischofs Walthard ein Machtvakuum auftat, übertrug Heinrich seiner Gemahlin die Statthalterschaft in Sachsen. Sie handelte sofort und zog Truppen zusammen, um Angriffe des Polenfürsten abzuwehren. Kunigunde fiel in der Folge immer wieder als eine kluge und beschwichtigende, aber auch handelnde Frau auf. Anlässlich des Hoftages 1013 in Merseburg ließ Heinrich II. die Heirat Richezas mit Mieszko, dem Sohn Bolesławs, vollziehen. Heinrich brauchte Frieden in Sachsen, um ungestört zur Kaiserkrönung nach Rom reisen zu können. Am 14. Februar 1014 war es soweit: *Heinrich* und *Kunigunde* wurden von Papst Benedikt VIII. zu *Kaiser* und *Kaiserin* gekrönt.

1024 starb Heinrich II., ohne einen Nachfolger bestimmt zu haben. Diese Aufgabe hinterließ er seiner Frau, die diese äußerst schwierige Phase des Interims beispiellos gut bewältigte. Innerhalb von nur sechs Wochen bereitete sie die Wahl des neuen Königs vor und übergab schließlich dem Salier Konrad II. die Reichsinsignien. Der Salier dankte es ihr nicht. Er machte sie bei Hofe einflusslos, nahm ihr dann das Eigentum. Ein Jahr nach dem Tod Heinrichs, am 13. Juli 1025, blieb Kunigunde lediglich der Eintritt ins Kloster Kaufungen, eine Stiftung der Kaiserin. Der Eintritt als einfache Nonne, ihre Weigerung, das Amt der Äbtissin zu übernehmen, ist wohl eher der durch Konrad verursachten Armut als der Frömmigkeit Kunigundes geschuldet. Kunigunde starb am 3. März 1033 oder 1039. Beigesetzt wurde sie zunächst in der Kaufunger Klosterkirche, 1201 schließlich im Bamberger Dom, gleichfalls eine Stiftung von ihr. Am 3. April 1200 wurde sie von Papst Innozenz III. heiliggesprochen.

LITERATUREMPFEHLUNGEN
(AUSWAHL)

Dietrich von Apolda: Das Leben der heiligen Elisabeth. Hg. v. Monika Rener. Marburg 2007

Nemes J. Balázs: Jutta von Sangerhausen (13. Jahrhundert). Eine »neue Heilige« im Gefolge der heiligen Elisabeth von Thüringen? In: Zeitschrift für Thüringische Geschichte Band 63 (2009). Historische Kommission für Thüringen (Hg.). Neustadt a. d. Aisch 2009

Hans Urs Balthasar (Hg.), Margot Schmidt (Hg.), Johannes Weißbrot: Die Grundwerke der drei großen Frauen von Helfta: Perlen deutscher Mystik. 3 Bde. Freiburg im Breisgau 2001

Benedikt XVI.: Mechthild von Hackeborn. Generalaudienz vom 29. Sept. 2010. www.vatican.va

Bernhard Bothe SCJ: Das Wunder von Helfta. Dossier Centrale 700 Anniversario della morte di Santa Gertrude La Grande. www.dehon.it

Hans-Joachim von Brockhusen. Die Königstöchter im Naumburger Westchor. In: Der Herold Ser. NF. Bd. 7. Berlin 1969/71

Sonja A. Buholzer: Solange du liebst. Botschaften einer Rebellin. Bern/Wettingen 2004

Sonja Adriana Buholzer: Studien zur Gottes- und Seelenkonzeption im Werk der Mechthild von Magdeburg. In: Europäische Hochschulschriften. Reihe 20/Bd. 234. Bern/Frankfurt am Main/New York/Paris 1988

Hans Werner Dannowski: Klosterfahrten. Zwischen Harz und Heide, Weser und Leine. Hannover 2003

M. Agnes Fabianek OCist: Ordensleben in Übergängen. Das Kloster St. Marien zu Helfta. In: ok Ordenskorrespondenz. Zeitschrift für Fragen des Ordenslebens. Heft 1/2010

Amalie Fößel (Hg.), Die Kaiserinnen des Mittelalters. Regensburg 2011

Alois Fuchs: Zur Forschung über die Paderborner Gröninger. In: Westfalen. Hefte für Geschichte, Kunst und Volkskunde. Bd. 27/Heft 2, Münster 1948

Nikolaus Gussone: Trauung und Krönung. Zur Hochzeit der byzantinischen Prinzessin Theophanu mit Kaiser Otto II. In: Anton von Euw, Peter Schreiner (Hg.), Kaiserin Theophanu. Begegnung des Ostens und Westens um die Wende des ersten Jahrtausends. Köln 1991

Michael Imhof, Holger Kunde: Uta von Naumburg. Petersberg 2011

Hildegund Keul: Die Heilige Gertrud von Helfta – Leben und Werk der Mystikerin. Arbeitshilfe zum Gertrud-von-Helfta-Jahr 2006. »Vor dir steht die leere Schale meiner Sehnsucht«. www.frauenseelsorge.de

Hildegund Keul: Mechthild von Magdeburg. Poetin – Begine – Mystikerin. Freiburg im Breisgau 2007

Anna-Maria und Rüdiger Meussling: Der verborgene Christus in Pretzien. Plötzky 2012

Miroslaw Mroz: Jutta von Sangerhausen und ihre Missionswirkung im Mittelalter. In: Christa Bertelsmeier-Kierst (Hg.), Elisabeth von Thüringen und die neue Frömmigkeit in Europa. Kulturgeschichtliche Beiträge zum Mittelalter und der frühen Neuzeit. Heft 1. Bern 2008

Matthias Puhle: Magdeburg im Mittelalter. Halle 2005

Matthias Puhle (Hg.): Magdeburg 1200. Magdeburg 2005

Ortrud Reber: Elisabeth von Thüringen. Landgräfin und Heilige. München 2009

Maria Assumpta Schenkl OCist: Geistliche Texte zum liebenden Dialog zwischen Gott und Mensch. Madrid 1993

Maria Assumpta Schenkl OCist: Ich nahte mich dem Lamme ... Madrid 1999

Maria Assumpta Schenkl. OCist: Mechthild von Magdeburg. Ein Vortrag. In: Ludwig Schumann (Hg.), Reihe Forum Laurentinum. Loburg 2008

Angela Stoye: Für spätere Generationen bewahrt. In: Glaube + Heimat. 12. November 2010

Vereinigte Domstifter zu Merseburg und Naumburg und des Kollegiatstiftes Zeitz (Hg.), Uwe John, Holger Kunde (Red.): Die Elisabethkapelle im Naumburger Dom mit den von Neo Rauch gestalteten Glasfenstern. Petersberg 2008

Widukind von Corvey: Res gestae Saxonicae. Die Sachsengeschichte. Stuttgart 1986

Der Autor dankt für Hinweise und Gespräche:
Elisabeth Adolph (Dalchau), Helmut Loth (Sangerhausen), Heike Mortell (Halle/Saale), Jörg Peukert (Freyburg/Unstrut), Felicitas Remmert (Magdeburg), Heike Schumann (Zeppernick), Georg Struz (Loburg), Thomas Tempel (Freyburg/Unstrut), Kerstin Wille (Naumburg/Saale), Martin Wirth (Wernigerode).

Ein ganz besonderer Dank gilt meinem Freund Albrecht Franke aus Stendal, der diese Arbeit in besonderer Weise begleitete.